Wendy Buonaventura

Bauchtanz

Wendy Buonaventura, geboren 1950 in London, hat Literaturwissenschaften studiert, lebt in London. Durch einen Zufall mit Bauchtanz in Berührung gekommen, hat diese Kunst sie nicht mehr losgelassen. Die Recherchen für *Bauchtanz · Die Schlange und die Sphinx* führten sie auf Reisen nach Nordafrika und in den Nahen Osten, wo sie viele Tänzerinnen getroffen und die Technik des Tanzes gelernt hat, den sie heute unterrichtet. Zur Zeit arbeitet sie an einem Dokumentarfilm über Bauchtanz.

Wendy Buonaventura

BAUCHTANZ

Die Schlange
und die Sphinx

aus dem Englischen von
Maja Pflug

Frauenbuchverlag

Für Gail Smedley,
durch die ich den Bauchtanz kennenlernte

Alle Rechte vorbehalten. Printed in Germany (West)
© der deutschen Ausgabe: Weismann Verlag · Frauenbuchverlag GmbH, München 1984
© der Originalausgabe: 1983 by Wendy Buonaventura, London
Titel der Originalausgabe: *Belly Dancing · The Serpent and the Sphinx*
Umschlaggestaltung: Evi und Hansjörg Langenfass, Ismaning
Satz: Tina Schreck, München
Druck und Bindung: G.J.Manz AG, Dillingen
ISBN 3 88897 106 3

INHALT

DANKSAGUNG

Viele Leute haben auf ihre Weise zu diesem Buch beigetragen. Danken möchte ich hier Mai Goussoub für ihre unschätzbare Beratung bezüglich der muslimischen Gesellschaft; Beth Shaw und Melinda Lee für ihre Kritik und ihre Vorschläge; Sheila Jennings für ihre Hilfe bei den Illustrationen; Cathy Selford, meiner unerschrockenen Führerin durch Londons Nachtwelt; Mel Huxley für ihre Beratung beim Kapitel über Bauchtanz während der Schwangerschaft; und Rosy Guest für ihre Unterstützung und Großzügigkeit. Besonders danken möchte ich Nick Campion für seine historische Beratung und seinen Beistand während der Arbeit an diesem Buch.

Für die freundliche Genehmigung zur Reproduktion der Abbildungen gebührt Dank: (in der Reihenfolge der Abbildungen) 1) Sammlung Walter C. Baker, New York; 2) Deveria, nach einer Zeichnung von E. Prisse aus *Oriental Album* von James August St. John; 3, 28) New York Public Library; 4, 5, 29, 37, 38, 39, 42, 43) Wendy Buonaventura; 6) Borély Museum, Marseille; 7) Avery Brundage Collection, Museum für asiatische Kunst, San Francisco; 8, 19) aus *Egypt, Descriptive, Historical and Picturesque* von G. Ebers; 9, 15, 20, 21, 34) BBC Hulton Picture Library; 10) Dayton Art Institute, Ohio, Geschenk von Mr. Robert Badenhop; 11) aus *Travel through Arabia* von Carsten Niebur; 12, 16) Sammlung Professor Metin And; 13) Sammlung Mrs. Morroe Berger; 14, 30) Topkapi Museum, Istanbul; 17) *National Geographic*, Januar 1914; 18) Sammlung Lynn Thornton, Paris; 22) Victoria and Albert Museum, London, Diaghilev-Skizzenbücher; 23) Nationalsammlung, Tretiakov-Galerie, Moskau; 24) Sammlung F. Bowles; 25) *Arabesque*, Mai/Juni 1981; 26) *Achabaka*, 3. Juni 1980; 27) *National Geographic*, Juni 1955; 31) *Achabaka*, 26. Mai 1980; 32) Britisches Museum; 33) *Picturesque Representations of the Dress and Manners of the Turks*, 1814, Autor unbekannt; 35) Bodleyanische Bibliothek, Oxford, Ms. Ousely, Add. 174, fol. 6r; 36, 37, 48) Cheryl Aaron; 40, 41, 44, 45, 46) Brenda Lipson; 49, 51, 52) Vicky Stone; 50) Universitätsbibliothek Istanbul.

VORWORT

Zum ersten Mal sah ich Bauchtanz, als eine Freundin ihn auf einer Party vorführte, und seine seltsamen, schönen Bewegungen nahmen mich gefangen. Ich fühlte mich angezogen von seinem sinnlichen und erdverbundenen Charakter und seiner Verknüpfung mit ursprünglichen Dingen: Sexualität und Fruchtbarkeit.

Ich beschloß, alles zu lernen, was es über Bauchtanz zu lernen gab. Je klarer mir wurde, wie wenig seine Entstehung und Geschichte dokumentiert waren und wie falsch die meisten Leute ihn verstanden und einschätzten, umso größere Faszination übte das Thema auf mich aus.

Die Geschichte des Bauchtanzes wurzelt in der Geschichte religiöser Riten und der Veränderung der gesellschaftlichen Stellung der Frauen in der ganzen Welt; es ist die Geschichte der Fantasien der Leute über das Ewig-Weibliche.

Dieses Buch wurde aus Leidenschaft für den Gegenstand, einen Tanz, den ich jetzt lehre und vorführe, geschrieben. Als Repräsentantin einer Kunst, die nicht meinem eigenen Kulturkreis zugehört, habe ich versucht, so viel wie möglich über die Kultur, die ihn hervorbrachte, herauszufinden. Manchmal sagen die Leute, es sei merkwürdig für eine Mitteleuropäerin, einen Tanz aus dem Mittleren Osten zu lehren. Dazu kann ich nur sagen, daß jede Kunst universal ist und daß Bauchtanz der universalste aller Tänze ist.

ERSTES KAPITEL

Der älteste Tanz

Um Mitternacht in Marrakesch machte ich mich auf, um die Tänzerinnen zu treffen. Sie waren aus dem Süden zu dem jährlichen Folk-Festival gekommen und hatten gerade ihre Abendvorstellung beendet. Jetzt aßen sie, und danach wollten einige von ihnen sich noch einmal zusammenfinden, diesmal zu informellem Tanz.

Ich wurde zu einem kleinen Pavillon geführt, wo Männer gerade Teppiche auf dem Boden ausrollten und schwere Decken von Säule zu Säule spannten, um die kalte Nachtluft abzuhalten. Einige der Frauen kamen herein, in weiße, mit Silbermünzen durchwirkte Wolldecken gehüllt, die raschelten, als sie über die Teppiche gingen, um sich hinzusetzen. Männer in bodenlangen Djellabas kamen die Stufen zu dem Pavillon herauf, schlugen ihre Kapuzen zurück und machten händeschüttelnd die Runde. Indessen stimmten zwei Musiker ihre Instrumente. Einer davon, ein älterer Mann, spielte auf dem *bendir*, einem großen siebartigen Instrument, dessen Rahmen mit Ziegenhaut bespannt ist. Er wärmte es über einer kleinen Flamme und testete seine Resonanz, indem er mit den Fingern leicht auf die straffe Haut klopfte. Der andere Musiker hatte eine einsaitige *rababa*, ein einer primitiven Geige ähnliches Instrument, das er aufrecht auf seinen Knien hielt und wie ein Cello mit dem Bogen strich.

Die beiden Männer begannen mit der Einführung, die Frauen sangen einen klagenden Gesang und betonten jede Strophe mit lebhaftem Klatschen. Sie standen auf und tanzten, jeweils zu viert, einander in Paaren gegenüberstehend, mit vor sich gestreckten Armen. Nur die Hüften und Bäuche der Frauen bewegten sich und ihre Münzengürtel raschelten leise, während sie sich im Rhythmus der Musik schüttelten. Das war etwas anderes als der Tanz, den ich auf dem Festival gesehen hatte, bei dem die Frauen im Hintergrund geblieben waren, während die Männer akrobatische

Glanzstücke vorführten. Jetzt, in der intimen Atmosphäre des erleuchteten Pavillons, schwang in dem Tanz der Frauen eine Kraft, die ein paar Stunden zuvor nicht fühlbar gewesen war.

Die Stunden vergingen und mehr Männer kamen, gingen in dem Pavillon umher und gaben jedem die Hand, bevor sie sich einen Platz zum Sitzen suchten. Anerkennend riefen sie den Tänzerinnen zu und hoben die Hände über den Kopf, um im Rhythmus zu klatschen, während die Frauenstimmen einen ermahnenden Berber-Refrain wiederholten: »Ich geb dir mein Haar, um darauf zu schlafen, doch zerzause es nicht, achte, daß es glatt bleibt.«

Eine ungefähr dreißigjährige Frau kam herein. Sie trug noch ihr Kostüm vom Festival: ein weißes, silberbesticktes Kleid, das seitlich geschlitzt war und knielange weiße Hosen enthüllte. Ein erwartungsvolles Raunen ging durch den Raum, als sie in die Mitte trat, um zu tanzen. »Jetzt wirst du etwas sehen!« flüsterte mein marokkanischer Freund und rutschte aufgeregt auf seinem Kissen hin und her. Die Musiker schlugen einen lebhaften Rhythmus an, und die Frau in dem weißen Kleid glitt über den Boden, ihre Hüften mit großen leichten Bewegungen von einer Seite zur anderen schwingend. Ihre Füße berührten kaum den Boden. Vor einem alten Mann mit zerfurchtem Gesicht hielt sie inne, preßte ihre Fersen auf den Boden und streckte ihm ihre Hände entgegen, die sie zu Fäusten ballte. Von einem schnellen Trommelsolo begleitet, schüttelte sie wild ihre Hüften, bis ihr münzengeschmückter Gürtel einer wirbelnden Silberspule glich. Das Trommeln wurde schneller, das Klatschen drängender, während die Frau einen Klagegesang anstimmte. Der Pavillon war so überfüllt, daß wir dicht aneinandergedrängt saßen und kaum Platz zum Tanzen da war. Dennoch wirkte der Raum grenzenlos, als sie mit einer mächtigen, pumpenden Hüftbewegung an uns vorbeiglitt, und auf ihrem Gesicht keine Zeichen von Anstrengung zu sehen waren. Einmal allerdings leuchtete es freudig auf, als sie eine besonders schwierige Bewegung machte. Sie schüttelte ihren Körper als würde sie Dämonen freilassen und wirbelte herum, wendete dem alten Mann wieder das Gesicht zu. Diesmal tanzte sie auf ihn zu, den Mund lachend geöffnet, und der Pavillon hallte von stürmischem Beifall wider.

Der Trommler schlug hart auf seine Trommel, sie machte einen letzten Hüftschwung und warf triumphierend die Arme nach oben. Über den Teppich wirbelnd ließ sie sich zwischen zwei Männer fallen, und einer von ihnen breitete eine weiße Decke über ihren schweißgebadeten Körper.

Der Tanz, den ich in jener Nacht in Marrakesch sah, ist so alt wie die machtvolle Sexualität, die er ausdrückte. Die Bewegungen werden gemacht, seit Liebe gemacht wird, man könnte sagen, der Tanz ist so alt wie das Leben. Es gab ihn von Anfang an, seit Tanz bei religiösen Riten als magische Beschwörung eingesetzt wurde, um das Fortbestehen der menschlichen Gattung und die Fruchtbarkeit der Erde zu sichern. Seine Bewegungen ahmten den Zeugungsvorgang nach und die geheimnisvolle Weitergabe des Lebens durch den Akt des Gebärens.

Bauchtanz läßt sich durch die Jahrhunderte in Kunst, Literatur und Mythologie zurückverfolgen; prähistorische Skulpturen und Felsmalereien legen stummes Zeugnis von seiner Existenz in der alten Welt ab – Statuetten, die bauchtanzende Frauen darzustellen scheinen, wurden in so weit auseinanderliegenden Ländern wie Indien und Spanien gefunden. Einige davon entstanden Jahrtausende vor Christus und stellen den Körper in Tanzstellungen dar, die auf ausgeprägte Hüft- und Bauchbewegungen hinweisen.

Die Bronzefigur einer verschleierten Tänzerin stammt aus dem alten Griechenland. Mit einer Hand zieht sie ihren Schleier eng um ihren Körper und betont damit ihre gehobene Hüfte. Um noch mehr Aufmerksamkeit auf diese Hüfte zu lenken, dreht sie sich und schaut über ihre Schulter darauf, und unsere Augen folgen der Richtung ihres Blicks. Natürlich könnte man ihre Bewegung auch anders interpretieren: es gibt viele Möglichkeiten, das stumme Zeugnis der visuellen Künste zu entziffern. Nur ein Film kann genau zeigen, wie ein Tanz aussah oder aussieht, und so ist jede Schlußfolgerung im wesentlichen eine auf Informationen gestützte Vermutung. Doch wer mit Bauchtanzbewegungen vertraut ist, dem ist diese Statuette sofort erkennbar. In der Literatur finden sich noch klarere Hinweise auf die Existenz von Bauchtanz in frühen Zeiten.

Im ersten Jahrhundert nach Christus beschrieb der römische Dichter Martial die Tänzerinnen von Cadiz, die »wollustkundig sie schaukelnd, ihre Hüften«[1], aufzutreten pflegten. Zur gleichen Zeit erwähnte der Satiriker Juvenal, daß sie »hinunter zur Erde mit schwänzelndem Hintern sich lassen«.[2] Es sollte nicht überraschen, daß beide Männer eine Darbietung beschrieben, die sie in einer spanischen Stadt sahen, denn Cadiz war damals längst von Völkern kolonisiert, die ursprünglich aus Phönizien stammten, das in etwa dem heutigen Libanon entspricht, und sie könnten die Kunst leicht in Spanien eingeführt haben. In der einen oder anderen Form war Bauchtanz wohl einst in der ganzen Welt weitverbreitet. Im siebten Jahrhundert nach Christus beschreibt ein persischer Gelehrter die Attribute einer großen Tänzerin, unter denen uns »lockere Gelenke und eine große Geschicklichkeit, die Hüften zu drehen und zu schwingen«[3] ins Auge fallen. Diese Art von Tanz wurde bei Maori-Frauen in Neuseeland registriert, wo er noch Mitte dieses Jahrhunderts zu sehen war. Er war früher in ganz Afrika bekannt, ist dort auch bis heute allgemein üblich, und seit Jahrhunderten wird er auf den Hawaii-Inseln getanzt, wo er als *Hula* bekannt ist. Doch obwohl Bauchtanz sich in einigen Teilen der Welt bis in die jüngste Vergangenheit erhalten hat, ist er andernorts längst ausgestorben.

Jede Kunst entwickelt sich als Reaktion auf Veränderungen der sozialen Bedingungen. Feindseligkeit gegenüber dem, was ein Tanz repräsentiert, kann dahin führen, daß der Tanz sich verändert bis er unkenntlich wird und jede Spur seiner ursprünglichen Bedeutung verschwunden ist. Ein im entfremdeten Kontext einer kommerziellen Darbietung gesehener Tanz ist reduziert und seltsam geworden, und wir brauchen unsere Phantasie, um zu sehen, was er einst bedeutet haben könnte. In *Die weiße Göttin* bezeugt Robert Graves das Vorhandensein von weiblichem, erotischem Tanz in Europa als Teil der Göttinnenverehrung; aber diese Tradition verlor sich in

Hellenistische Bronzestatuette, vermutlich aus Alexandria.

Europa so früh, daß sich keine Spuren davon erhalten haben, was als eine frühe Folge der Unterdrückung freier Sexualität durch das Christentum gesehen werden kann. So entwickelten wir in Europa anstelle eines kraftvollen Beckentanzes eine Art von Tanzbewegungen, die uns erlaubten, jene Teile unseres Körpers, die die Franzosen als »Schamteile« bezeichneten, still zu halten. Noch im elften Jahrhundert nach Christus beklagte sich der Chronist Adam von Bremen über Tänzerinnen in Nordeuropa, die ihre Zuschauer mit lasziven Bewegungen unterhielten. Zu der Zeit hatte der Tanz längst seine Bedeutung als Fruchtbarkeitsritus verloren und war reine Unterhaltung geworden. Er verschwand schließlich aus Europa, als die letzten Überbleibsel heidnischer Kultur unter die Kontrolle der Kirche gebracht wurden.

Ich vermute, daß Bauchtanz vielleicht bei einem Volk lebendig gehalten werden konnte, das weniger stark der Kontrolle durch die Religion unterworfen war. Diese Leute gehörten nicht einer Nation an, sondern zogen durch die Welt. In jedem Land, in dem sie sich niederließen, lebten sie am Rande der Gesellschaft, von ihren Nachbarn nie ganz akzeptiert. Es waren die ursprünglichen Zigeuner, die aus Indien kamen und westwärts wanderten bis nach Europa. Manche Zigeunerforscher nehmen an, das Wort »Rom« oder »Romany« (engl.: Zigeuner) komme von dem Sanskritwort »Dom«, einer Kaste, die ihren Lebensunterhalt mit Singen und Tanzen verdiente. Wie dem auch sei, man kann sagen, daß der Zigeunertanz den Tanz eines jeden Landes, durch das sie auf ihren Reisen zogen, beeinflußte.

Als sie Indien verließen, nahmen sie den Weg über die Landstraßen von Afghanistan, die Indien damals mit dem Nahen Osten verbanden. Am Mittelmeer trennten sie sich und einige zogen westwärts durch den heutigen Iran, die Türkei und Griechenland; andere zogen in Richtung Ägypten und an den Nordküsten Afrikas entlang. Sie kamen bis nach Spanien, und manche gingen sogar noch weiter bis nach Frankreich hinein. Sie waren unter vielerlei Namen bekannt, aber zu Beginn des 15. Jahrhunderts waren manche von ihnen als »Ägypter« bzw. »gypsies« bekannt (der deutsche Name geht auf das byzantinische *atsinganoi* zurück, A.d.Ü).

Die Zigeuner kannten noch Überreste des antiken rituellen Geburtstanzes, und um sich ihren Lebensunterhalt zu verdienen, behielten sie ihn bei und verwandelten ihn in Unterhaltung. Als sie weiter westwärts zogen, wandelte sich der Tanz nach und nach unter dem Einfluß jeder Kultur, der er begegnete und wurde zu der Mischform, die wir heute als orientalischen Bauchtanz kennen.

In den endlosen Wanderungen in der Geschichte haben Männer und Frauen so oft Grenzen überschritten, und die Grenzen haben sich so häufig verändert, daß wenige Künste, die aus solch unruhigen Wanderungen hervorgingen, das Produkt eines einzigen Volksstammes waren. Die Zigeuner begannen ihre Wanderungen in Indien und beendeten sie in Spanien, und sie ließen an beiden Enden dieses Weges Spuren zurück. Der indische Tanz schließt zuckende Schultern, Kopfgleiten und schlangenartige Armbewegungen ebenso wie ein leichtes Muskelzittern am ganzen Körper ein, das beim Bauchtanz »Shimmy« genannt wird. Heute schwingen die Hüften nicht, aber indische Tempeltänzerinnen in früheren Zeiten tanzten einen Tanz, der den Liebesakt nachahmte, und dazu gehörten Wellenbewegungen des Beckens. Sie tanzten auch mit dem Gesicht nach unten liegend, auf ihre Hände gestützt. Brust und Bauch bogenförmig nach oben gestreckt, wanden und drehten sie die untere Hälfte ihres Rumpfes. Heute sind die Banjara-Frauen in Delhi berühmt für ihr Tanzen. Sie folgen dem Brauch, sich den Bauch zu tätowieren, und vermutlich leitet sich dies aus einer Tradition her, einen Teil des Körpers zu schmücken oder zu betonen, der bei dem Tanz eine vorrangige Rolle spielt.

Wenden wir uns nach Spanien, dem anderen Ende des Wanderweges der Zigeuner, so finden wir den Flamenco, der den Umgang mit Schleiern, heftige Hüftbewegungen und rasches Stampfen nahe am Boden umfaßt, was wiederum ein leichtes Erzittern des Beckens hervorruft. Allerdings ist der Shimmy beim Flamenco kaum erkennbar, da sich die Aufmerksamkeit auf die stolzen Armbewegungen und dramatisch stampfenden Füße der Tänzerin konzentriert.

In die Musik des jeweiligen Gastlandes kam durch die Zigeuner ein Hauch von Orient, und sie wurden ihrerseits von den dortigen Stilrichtungen beeinflußt. Als Gruppe sind die berühmtesten Bauchtänzerinnen immer Zigeuner gewesen, insbesondere die weiblichen *Ghawazi* aus Ägypten und die türkischen *Çengi*. In der Tat leitet sich das alte türkische Wort für Tänzerin nach Meinung einiger Sachverständiger von ihrem Wort für Zigeuner, çingene, ab. Heute noch ist das Zigeunerviertel in Istanbul berühmt für Tanz. Dort in Sulukule unterrichten die Frauen Kabarettänzerinnen für ein paar Lira pro Stunde.

Zigeuner sind nie ganz von der Gesellschaft akzeptiert worden, und aus dem gleichen Grund werden in Ländern, in denen Bauchtanz jetzt am weitesten verbreitet ist, öffentlich tanzende Frauen für nicht ganz gesellschaftsfähig gehalten. Historisch gesehen waren diese Frauen Zigeunerinnen oder andere Immigrantinnen, oder sie stammten aus armen Familien. In erster Linie waren sie jedoch nicht akzeptabel, weil sie sich mit einer Freiheit bewegten, die dem vom Islam für das weibliche Geschlecht festgelegten Verhaltenskodex spottete. Und es sind die schließlich vom Islam eroberten Länder, in denen der Bauchtanz seinen Ursprung hat und heute noch am populärsten ist: ein Gebiet, das sich durch Nordafrika und rund um das östliche Mittelmeer bis zur Türkei erstreckt. Dort erfuhr der Tanz eine nachhaltige Veränderung und wurde zur Kunst der berufsmäßigen Verführerinnen.

Im achtzehnten Jahrhundert entdeckten Europäer, bei denen Bauchtanz keine Tradition mehr hatte, diese Kunst plötzlich wieder. Künstler und Soldaten, Wichtigtuer und Staatsmänner reisten alle in den Osten, in den geheimnisvollen Orient. Dort sahen sie, was sich als Quelle unerschöpflicher Faszination erwies, und beschrieben es in allen Einzelheiten: Tänzerinnen, die mit einem gleichmütigen Lächeln auf ihrem Gesicht dastanden und ihre Körper von Kopf bis Fuß in wellenförmiges Zucken versetzten; Frauen, die auf dem Boden lagen und auf ihrem Bauch balancierende Weingläser aneinanderstoßen ließen, indem sie nur ihre Bauchmuskeln benutzten. Die Reisenden waren verwundert über die vielen Stimmungen dieses Tanzes, der einerseits bizarr und wahnsinnig aufregend, andererseits sinnlich und ge-

Diese Zeichnung von Deveria aus dem neunzehnten Jahrhundert, nach einer Vorlage von E. Prisse, zeigt Kairoer Zigeuner-Ghawazi bei einem Auftritt im Freien.

Persische *Mutrube* aus der Qajar-Dynastie, ca. 1840.

heimnisvoll war. In Briefen nach Hause versuchten sie zu erklären, warum er so hypnotisch war. Gelegentlich verliebten sie sich in eine Tänzerin und wurden den Rest ihres Lebens von der Erinnerung an sie verfolgt. Zumindest aber fanden sie die orientalische Art zu tanzen seltsam. Schicklich oder unschicklich, fragten sie sich selbst. Zirkuskunststück oder Kunst? Diese außerordentliche Widersprüchlichkeit verkörperte das Leben im Nahen Osten, wie sie es sahen.

Mitte des neunzehnten Jahrhunderts fuhr einer dieser Reisenden, der amerikanische Journalist G.W.Curtis, fünfhundert Meilen nilaufwärts, auf der Suche nach der gefeiertsten aller orientalischen Tänzerinnen, Kutchuk Hanem.

Kutchuk stand reglos... Die scharfen Klangwellen brandeten durch den Raum und schlugen regelmäßig gegen ihre Starre, bis plötzlich die ganze Oberfläche ihres Körpers im Takt mit der Musik erbebte. Ihre Hände waren kastagnettenschlagend erhoben, und sie drehte sich langsam um sich selbst, ihr rechtes Bein die Achse, wobei alle Muskeln ihres Körpers wundersam zuckten. Als sie den Kreis um den Punkt, auf dem sie stand, geschlossen hatte, bewegte sie sich langsam vorwärts und alle Muskeln wurden im Rhythmus der Musik von ununterbrochenen, kräftigen Zuckungen geschüttelt. Es war eine seltsame und wundervolle Gymnastik. Es war kein anmutiges Tanzen, – nur einmal gab es einen Tanzschritt, als sie sich vorwärts bewegte und ein Bein vor das andere warf, wie Zigeunerinnen tanzen. Der Rest aber war wollüstige Bewegung... Plötzlich innehaltend, mit noch arbeitenden Muskeln, fiel Kutchuk auf ihre Knie und wand sich mit Körper, Armen und Kopf auf dem Boden, immer noch im Takt, immer noch kastagnettenschlagend und erhob sich auch in derselben Weise. Es war zutiefst dramatisch... ein Liebesgedicht, das man nicht in Worte fassen kann – tief, orientalisch, intensiv und schrecklich.[4]

Zu der Zeit, als Curtis seine Beschreibung zu Papier brachte, war diese außergewöhnliche Kunst im Westen unter verschiedenen Namen bekannt geworden. Diese Namen beschrieben im wesentlichen ihre Wirkung oder die Klasse von Frauen, die sie ausübten. So gab es den Tanz der *Almeh, danse voluptueuse* und *danse lascive*. Es gab sogar den spektakulären Muskeltanz, bei dem die Tänzerin auf dem Rücken lag, ein volles und ein leeres Weinglas auf ihrem Bauch balancierte und die Flüssigkeit durch bloße Benutzung ihrer Bauchmuskeln von dem einen in das andere Glas goß. Im allgemeinen jedoch wurde Curtis' »seltsame und wundervolle Gymnastik« als *danse du ventre* oder, wörtlich übersetzt, Bauchtanz bezeichnet. In Ländern, in denen er eine weit verbreitete Volkskunst geblieben ist, kennt man ihn unter anderen Namen. In Griechenland heißt er *cifte telli*, in der Türkei *rakkase* und in Ägypten *raks sharki*.

In den letzten anderthalb Jahrhunderten hat das Image des Bauchtanzes im Westen eine Metamorphose erlebt, mit dem Ergebnis, daß das Wort bei den meisten Leuten ein Bild spärlich bekleideter Frauen hervorruft, die einen Tanz vorführen, der wenig oder gar keine Kunstfertigkeit erfordert. Wieviele Leute wissen zum Beispiel, daß Bauchtanz im Nahen Osten noch immer eine populäre Volkskunst ist? Wieviele Leute können sich vorstellen, daß er wirkliches Können verlangt oder daß er in einem anderen Kostüm als einem goldverzierten Büstenhalter und geschlitzten Rock

Die ägyptische Tänzerin Selwa Rajaa bei einer *beledi*- oder Volkstanz-Vorführung.

vorgeführt wird? Außerhalb seines eigenen Milieus gilt er als etwas Lächerliches, nicht als Kunst. Und jede westliche Frau, die heute sagt, daß sie Bauchtanz lernt, kann sich auf Spott oder schockiertes Schweigen gefaßt machen.

Allerdings besitze ich einen Brief von dem englischen Musiker Chris Gunstone, der, nachdem er eine von Flöte und Handtrommeln begleitete Bauchtänzerin hat tanzen sehen, schrieb: »Es war der schönste Tanz, den ich je gesehen habe – sinnlich, doch nicht vulgär, spirituell und doch menschlich. Es war etwas sehr Seltenes und sehr Schönes.«

Ein Tanz, der solche Reaktionen hervorrufen kann, ein Tanz, dessen bleibender Zauber es ihm ermöglichte, Jahrhunderte gesellschaftlicher Ächtung zu überdauern, hat gewiß eine Aufwertung verdient.

ZWEITES KAPITEL

Die sieben Schleier der Ischtar

Um die ursprüngliche Bedeutung von Bauchtanz als einer der ältesten Künste zu erkennen, ist es notwendig, der Geschichte des Tanzes nachzugehen. Dazu müssen wir uns bis zu einem gewissen Grad mit früher Religion beschäftigen, denn am Anfang war jeder Tanz mit religiöser Zeremonie verbunden.

Für viele westliche Menschen bedeutet das Wort Religion heute, zur Kirche zu gehen und in vorwiegend dumpfer Atmosphäre einen Gottesdienst abzusingen, und nach gegebenen Signalen aufzustehen oder zu knien.

Religion ist für uns nicht mehr geheimnisvolle Magie, die man anwendet, um es zum Beispiel regnen zu lassen, damit das Getreide wächst. Aber vor langer Zeit war Anbetung dynamisch und allumfassend und emotional nicht gebremst. In vielen Religionen gibt es bis heute ein solches Loslassen der Gefühle, wobei körperliche Bewegung eine wesentliche Rolle spielt. Die Betenden benutzen ihren Körper als Mittel, um einen spirituellen Zustand zu erreichen, in dem es ihnen gelingt, mit der Gottheit in Kontakt zu treten, bzw. mit dem, was ich Lebens-Kraft nennen will. Tanz ist bei diesen Ritualen ein zentrales Element und steht im Mittelpunkt, wenn Mitglieder einer Gemeinde sich zu Gebeten treffen oder einen neuen Abschnitt in ihrem Leben gemeinsam begehen. In diesem Kontext verändert sich ein Tanz über lange Zeit hinweg kaum und wird zuweilen noch von ähnlichen Instrumenten begleitet wie vor Hunderten von Jahren.

Grundlegend bei jedem Tanz ist ein zelebratives Moment. Das Wort Tanz selbst kommt von dem Sanskrit-Wort *tanha*, was »Lebensfreude« bedeutet. In ähnlicher Weise kommt das arabische *raks* vom assyrischen *rakadu*, was ebenfalls »sich freuen« bedeutet. Aber schon immer gab es mehr Gründe zu tanzen als nur das Vergnügen: Sei es die Wahl eines Gefährten oder die Beschwörung des Getreidewachstums. Beide Aspekte sind für den Bauchtanz relevant.

Immer wieder in der Geschichte kam es zu regelrechten Tanzausbrüchen, wenn das Leben ernstlich in Gefahr war. In solchen Zeiten – während der großen Pest zum Beispiel, als die gesamte Bevölkerung des mittelalterlichen Europas vom Aussterben bedroht war – tanzten die Menschen wild, als seien sie von einem inneren Zwang getrieben, Stunden um Stunden, sogar tagelang. In der heutigen westlichen Kultur, mit der geschriebenen und gesprochenen Sprache als Hauptkommunikationsmittel, ist der Tanz zu einer Randerscheinung geworden. Dennoch bleibt seine Verknüpfung mit Ritualen bestehen, und noch immer gehen wir manchmal auf die Straße und tanzen, um ein glückliches Ereignis gemeinsam zu begehen. Die Jugendlichen der 20er Jahre nannten ihre Ära das Jazz-Zeitalter und feierten tanzend ein neues Lebensgefühl nach den Verheerungen des ersten Weltkriegs.

In früheren Zeiten wurde im Tanz die Lebens-Kraft ausgedrückt, man folgte vor allem dem Kreislauf der Natur und zelebrierte das Kommen des Frühlings und die Wiedergeburt der Natur. Die Natur wurde in der Gestalt von Bäumen und Tieren, Sonne und Mond verehrt. Später wurden Geschichten – oder Mythen – geschaffen, um Naturphänomene zu erklären.

Die Mythen aus den verschiedenen Teilen der Welt sind bemerkenswert ähnlich, obgleich sich die Namen der Protagonisten ändern. Ein Thema ist die Geburt des Universums durch Tanz. Im Anbeginn der Zeit, so erzählt die Geschichte, bestand das Universum aus lebloser Materie, der eine Göttin, später ein Gott, Leben einhauchte, indem sie Klangwellen aussandte. Diese Wellen erweckten alles Leben, schufen Monde, Sonnen und Sterne, die sich langsam zu bewegen anfingen. Sie umkreisten sich wie in einem Tanz, und ihre Bewegung wurde als Sphärenharmonie bekannt.

Nachdem sie die Erde erschaffen und mit menschlichem und tierischem Leben erfüllt hatten, lehrten die Götter die Menschheit zu tanzen. In der griechischen Version dieses Mythos ist die Lehrerin Rhea, eine Göttin, deren Name sich von einem archaischen Wort, das »Erde« bedeutet, ableitet. Rhea war mit Kronos verheiratet, der die Angewohnheit besaß, seine Kinder bei der Geburt zu verschlingen. Also vertauschte Rhea bei der Geburt ihres Sohnes Zeus das Kind mit einem in Windeln gewickelten Stein und gab diesen ihrem Mann. Dann floh sie mit Zeus und brachte ihn in die Obhut einer Kaste von Priestern, die Curetes genannt wurden. Damit Kronos das Weinen des Kindes nicht hören könne, tanzten die Curetes vor ihm. Sie sprangen und riefen und schlugen mit ihren Schwertern auf ihre Schilde, wie Rhea es sie gelehrt hatte. Nach der Legende wiederholten sie und ihre Abkömmlinge diesen Ritus jahrhundertelang in ihren religiösen Zeremonien, denn da der Tanz von den Göttern angeregt worden war, wurde er auch Teil der Gottesverehrung.

Welche große Rolle der Tanz im Leben der frühen Menschheit spielte, kann man aus den zahlreichen Darstellungen ersehen, die uns überliefert wurden. *Das Ägyptische Totenbuch* und religiöse Schriften aus der ganzen Welt erzählen ausführlich darüber. In der Sprache selbst wird auf seine Bedeutung in den Riten des täglichen Lebens hingewiesen, und das Hebräische hat nicht weniger als sieben Stammwörter, um seine verschiedenen Charakteristika zu umschreiben.

In Europa versammelten sich die Gemeinschaften regelmäßig, um dem Lebensprozeß in einer Mysterien genannten Zeremonie Ausdruck zu verleihen, in welcher Musik und Tanz das zentrale Ausdrucksmittel war. Der klassische griechische Gelehrte Lucian schrieb, »daß man unter den alten Mysterien keines, wobei nicht getanzt würde, findet.« Er fährt fort, daß er mit Rücksicht auf die Uneingeweihten über alles, was die Mysterien betrifft, Stillschweigen bewahren müsse, daß aber jedermann wisse, daß man von jemandem, der die Mysterien ausplaudert, sagt, daß er sie »heraustanzt«.[5]

Durch solche Rituale versuchten Männer und Frauen das Rätsel der Existenz zu verstehen, insbesondere die Geburt, das größte aller Geheimnisse.

Heute fühlen Frauen sich von den ersten Wochen der Schwangerschaft an körperlich verändert, und manche sind sich sogar des Augenblicks der Empfängnis bewußt. Es gibt keinen Grund zu glauben, daß es unseren Vorfahren an Bewußtheit fehlte; vermutlich hatten die Frauen einst mehr Gespür für in ihrem Körper stattfindende Veränderungen. Gemeinschaften, die in engem Kontakt mit Tieren lebten, lernten bald, daß ihre Schafe ohne einen Schafbock im Pferch im Frühling keine Lämmer hervorbringen würden. Es bedarf keiner großen Einsicht, um eine Parallele zwischen menschlichem und tierischem Leben zu ziehen, und man kann annehmen, daß zumindest einige Gemeinschaften eine Verbindung zwischen Geschlechtsakt und Geburt herstellten. Das läßt sich mit Zeugnissen aus der Kunst belegen. Es gibt, um nur ein einziges Beispiel zu nennen, eine Steinplatte, die im Heiligtum einer Göttin in Catal Huyuk in Anatolien (heute Türkei) gefunden wurde, die etwa 8.000 Jahre alt ist; auf der einen Seite zeigt sie zwei Liebende in der Umarmung und auf der anderen eine Frau, die ein Baby hält.

Mit dem Begriff Vaterschaft verhält es sich anders. Obgleich die Männer glaubten, daß sie bei der Empfängnis eine Rolle spielten, gab es keine Gewißheit über das Wie. Noch im klassischen Griechenland (etwa von 500 bis 200 vor Christus) lehrten die Ärzte, daß Frauen innere Hoden besäßen, deren Samen irgendwie in die Gebärmutter gelangte. Es scheint ziemlich eindeutig zu sein, daß die Männer Zeit brauchten, bis sie begriffen, daß sie ihren Samen durch den sexuellen Akt übertrugen; vielleicht haben sie erst angenommen, sie würden nur einen Kanal im Körper der Frau öffnen, durch den der Lebens-Geist Eingang fand. Daher wurde Fortpflanzung in erster Linie als Frauensache verstanden. Dennoch stellten manche Gemeinschaften den grundsätzlichen Zusammenhang zwischen Kopulation und Empfängnis her; eine entscheidende Überlegung für ein Verständnis des Bauchtanzes in seiner frühesten Bedeutung.

Früher war Tanz vor allem imitativ. So kann man sich vorstellen, daß Rituale mit erotischen Tänzen, die den Geschlechtsakt imitierten, die Fruchtbarkeit anregen sollten. In *Eine Weltgeschichte des Tanzes* beschreibt Curt Sachs den Beckentanz der Bafioti in Loango, Westafrika. Sein Zweck ist Ahnenverehrung und die Verherrlichung kommender Generationen durch den Geburtsvorgang. Er führt Beispiele an für eine frühe Form des Bauchtanzes in der Südsee, Neuguinea, den Salomon-Inseln,

Ostpolynesien, in ganz Afrika und dem gesamten alten Griechenland und bemerkt, daß er ursprünglich eher magischen als rein sexuellen Zwecken diente. Derartige Riten gipfelten oft im Koitus, da in primitiven Gesellschaften der Geschlechtsakt als heilig betrachtet und sogar als Pflicht angesehen wurde, denn ohne ihn würde die menschliche Gattung aussterben.

Menschliche Fortpflanzung mit der Fruchtbarkeit der Erde in Verbindung zu bringen, kann nur ein kurzer Schritt gewesen sein. In frühen Gesellschaften arbeiteten die Frauen in der Landwirtschaft, und der Zusammenhang zwischen der Fruchtbarkeit einer Frau und der des Bodens, den sie bestellte, war leicht herzustellen; daraus entstand der Glaube, daß Frauen eine magische Gabe besäßen, die das Getreide wachsen ließ. Erst später wurde dieser Glaube dann in poetischen Mythos gefaßt und die Vorstellung einer großen Muttergöttin geschaffen.

Manche denken, daß das weibliche, schöpferische Prinzip vor dem des Mannes verehrt wurde. Einige archäologische Funde bezeugen Göttinnenverehrung, bevor die Rolle des Mannes bei der Schöpfung geklärt war. Die Göttin, so wird angenommen, herrschte als Hervorbringerin allen Lebens, und Frauen wurden geachtet und gefürchtet, weil sie die Geheimnisse der Natur besaßen. Die weite Verbreitung weiblicher Orakel und weiblicher Propheten ist nur eine Folge dieses Glaubens.

In vielen Mythen aus der ganzen Welt war die erste Schöpferin weiblich, ihre Namen so verschieden wie die Gesellschaften, die sie verehrten. Später usurpierten männliche Götter ihre weiblichen Vorgängerinnen. Oft erlebte die Göttin eine Metamorphose und änderte ihr Geschlecht, zuweilen wurde sie zum Hermaphroditen, bevor ihre Identität ganz männlich wurde.

Der Wunsch, ein Bild der Göttin zu erschaffen, war eine der ersten Inspirationen der Kunst. Archäologen haben in der ganzen Welt Statuetten von Göttinnen ausgegraben, manche davon schätzt man auf über 50.000 Jahre alt. Im Nahen Osten wurden Göttinnen-Statuetten entdeckt, die auf acht bis neuntausend Jahre vor Christus zurückgehen. Das Britische Museum besitzt eine Auswahl solcher Figuren, in Knochen oder Stein geschnitzt, mit hocherhobenen Armen. Viele sehen aus, als tanzten sie.

Der älteste Prototyp der Großen Mutter ist Ischtar, die babylonische Göttin der Liebe und Sinnlichkeit, die alle Qualitäten vereinte. Sie war ein Spiegel der Keuschheit und ein Symbol für Fruchtbarkeit, eine Jungfrau, die sich Liebhaber nahm. Sie war Licht- und Lebensspenderin und zugleich brachte sie Dunkelheit und Zerstörung.

Einer der Ischtar betreffenden Mythen ist 4.500 vor Christus datiert und erklärt den Wechsel der Jahreszeiten, ein nach dem Verständnis unserer Vorfahren lebenswichtiger Prozeß. Wir können uns vorstellen, wie sie im Winter um ihre Versorgung mit Nahrung gebangt haben müssen, denn wer konnte sagen, ob der Frühling je zurückkommen und die Erde noch einmal Früchte tragen würde. Derartige Ängste beeinflußten die Entstehung von Mythen und Legenden, und den Mythos von Tod und Wiedergeburt der Natur gibt es in vielen Gegenden. Es geht darin um einen

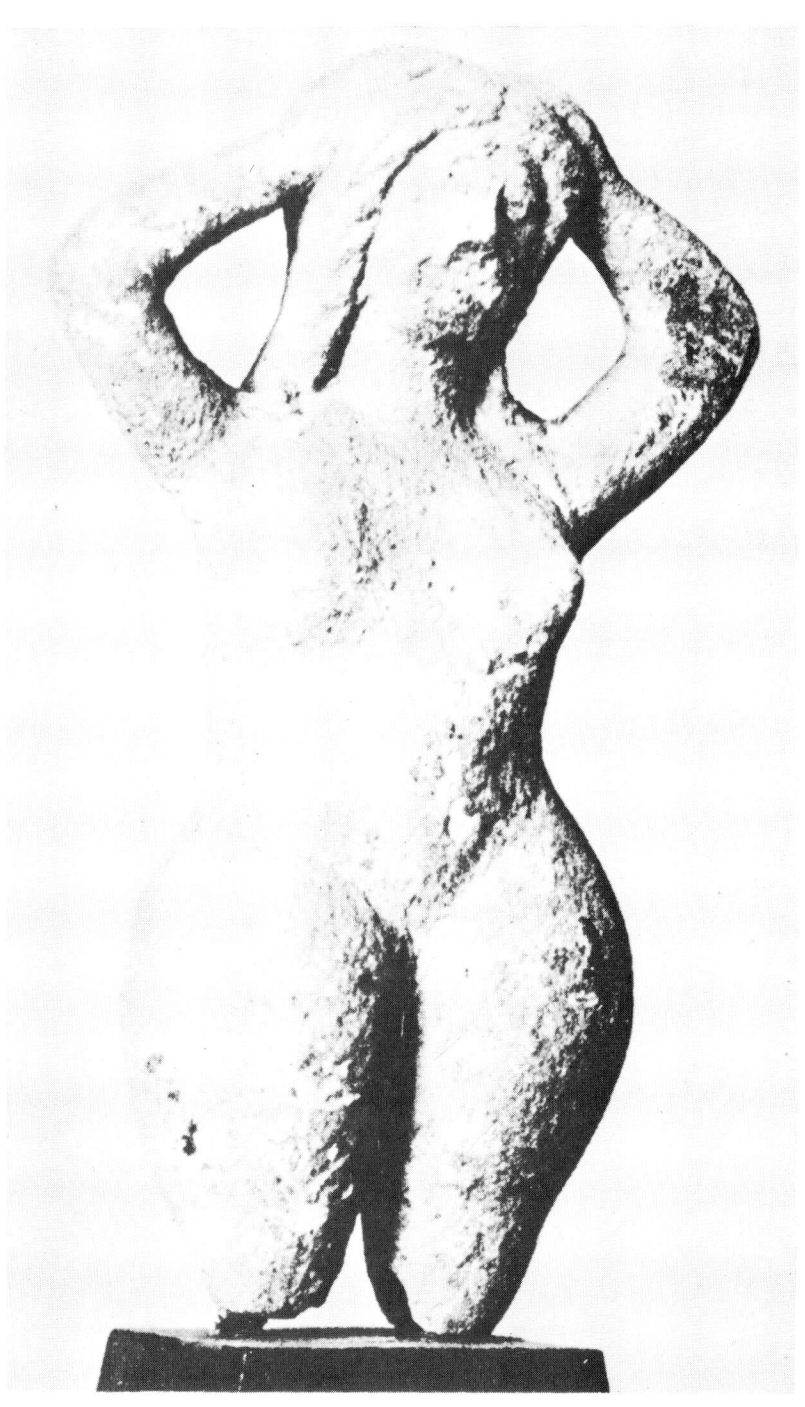

Terrakotta-Statuette der griechischen Muttergöttin Gaia aus Tanagra.

Abstieg in die Unterwelt, bei dem eine Göttin ihren verlorenen Mann, ihren Geliebten oder ihre Tochter sucht. Je nachdem ist sie entweder die Liebesgöttin oder die
Erntegöttin.

Ischtars Mann Tammuz starb und ging ein in das Land der Dunkelheit, das zugleich der fruchtbare Bauch der Erde, der Ort der Wiedergeburt war. Ischtar, entschlossen ihn zu retten, kleidete sich in all ihre Herrlichkeit und verschaffte sich
durch List Zutritt zur Unterwelt. Sie ging durch die sieben mal sieben Tore, verlor
nach jedem siebten Tor als Preis dafür, daß sie eingelassen wurde, einen ihrer Juwelen und Schleier, und streifte den letzten am letzten Tor ab. Ischtars Schleiertanz
wurde als Willkommenstanz oder als Tanz der Shalome (hebräisch für »willkommen«) bekannt. Die biblische Salome – in einer der zahlreichen Neufassungen alter
Mythen im Neuen Testament – wurde so genannt, weil sie diesen Tanz tanzte. Während Ischtars Abwesenheit von der Erde reiften die Ernten nicht, noch gab es Liebe
oder Feste irgendwelcher Art. Erst als die Göttin mit ihren wiedererlangten Schleiern aus der Unterwelt zurückkehrte, ihre Geheimnisse erneut den Augen der Sterb-
lichen verborgen waren, war der Fortbestand des Lebens gesichert. Ihre Vereinigung
mit Tammuz wurde jedes Jahr im Frühling gefeiert und brachte die Wiedergeburt
der Natur zum Ausdruck.

Die griechische Version des Mythos von Tod und Wiedergeburt der Natur erzählt
von Demeter, der Erntegöttin, deren Tochter Persephone vom Beherrscher der Unterwelt entführt wurde. Demeter streifte weit umher auf der Suche nach Persephone
und war dabei so voller Gram, daß sie, wie Ischtar, ihre Gaben zurückhielt und die
Erde brach lag. Schließlich drohte Hungersnot und Zeus, der König der Götter,
sandte einen Boten in die Unterwelt, um Persephone zurückzubringen. Demeter-
Riten wurden in Eleusis gefeiert und waren als Eleusinische Mysterien bekannt. Ursprünglich fanden sie einmal im Monat nur unter Frauen statt, was darauf hinweist,
daß sie vielleicht für die Menstruation von Bedeutung waren oder ihre zeitliche Abfolge den Mondzyklus widerspiegelte, dessen Einfluß auf die Natur anerkannt wurde (da der Mond das früheste Maß heiliger Zeit war). Während Demeter auf der Suche nach ihrer Tochter umherwanderte, machte sie in Eleusis Rast und setzte sich
auf einen Stein an der Quelle der Schönen Tänze. In einer Version des Mythos kam
eine Frau namens Baubo – was »Bauch« bedeutet – vorbei und brachte Demeter zum
Lachen, indem sie für sie tanzte. Ihre Vorführung wird als obszön beschrieben und
war eindeutig eine komische Form von Bauchtanz. Wie Salome war sie nach dem
Tanz benannt, den sie vorführte.

Wir wissen etwas über die Form der Tänze bei den Eleusinischen Mysterien, doch
besitzen wir keine Beschreibung von Ischtars Tanz der Sieben Schleier; wir wissen
nur, daß es sich um einen Tanz der Verführung handelte, mit dem sie sich in die Unterwelt einschlich. Wir könnten über die Art der Bewegungen spekulieren, die eine
Göttin der Liebe und Wollust gemacht haben mag, um sich den Weg in ein verbote-
nes Reich zu bahnen, doch es gibt hierzu einen faszinierenden Anhaltspunkt. Er findet sich im Alten Testament, im Lied der Lieder. Dieses Liebeslied wurde das Rätsel

des Alten Testaments genannt. Es ist ein überaus sinnlicher Liebesgesang zwischen einem Mann und einer Frau, umrahmt von Bemerkungen über moralische Rechtschaffenheit und die Vorzüge der Weisheit. Zur Veranschaulichung: es ist, als sähe man eine in allen Farben des Regenbogens gekleidete Frau, die von einer Gruppe Nonnen umgeben ist.

Das Lied der Lieder ist durch und durch rätselhaft. Es ist ein Zwiegespräch zwischen Liebenden, aber wir können nur vermuten, wer sie sind, wieviele Personen anwesend sind (manche Kommentatoren sprechen von einem zusätzlichen Chor von Frauen) und auch, was geschieht. Wie viele Bibeltexte ist das Lied der Lieder in einer symbolischen Sprache geschrieben und kann im Wortsinn oder als Allegorie gelesen werden. Aus diesem Grunde hat es viele Interpreten gefunden. Gegen Ende bittet der Mann seine Geliebte, für ihn zu tanzen. Es werden einige Hinweise auf ihre Bewegungen während des Tanzes gegeben, und ich möchte diese Zeilen im einzelnen betrachten, denn sie stellen die Verbindung zum Tanz der Ischtar her.

Die Tänzerin (die übrigens verschleiert ist) wird Sulamith genannt. In seinem Kommentar zum Lied der Lieder zeigt Carlo Suarés auf, daß Sulamith nichts anderes ist als der hebräische Gruß *Shalom*, der Willkommen bedeutet, und wir erinnern uns, daß Ischtars Tanz als Willkommenstanz oder Tanz der Salome bekannt wurde. Ein anderer Kommentator, F.C.Cook, bemerkt, daß Sulamith aufgefordert wird, einen bekannten heiligen Tanz vorzuführen, der, so will man uns glauben machen, von seltener Anmut und Schönheit ist (andere Kommentatoren nennen ihn einfach den Reigen von Mahanaim). Cook sagt, ein Frauenchor bitte um den Tanz, und fügt hinzu, daß es im Orient sehr wohl Brauch sei, daß eine Frau eine andere auffordert, für sie zu tanzen.

Der Tanz der Sulamith ist folgendermaßen beschrieben:

Deiner Hüften Rund ist wie Geschmeide,
gefertigt von Künstlerhand.
Dein Schoß ist ein rundes Becken,
Würzwein mangle ihm nicht.
Dein Leib ist ein Weizenhügel,
mit Lilien umstellt.[6]

Auf den ersten Blick weist dies nicht weiter auf Bewegung hin. Dem Anschein nach wird nur noch einmal das orientalische Ideal der weiblichen Formen betont: ein voller, runder Bauch und ausladende Hüften. Schaut man jedoch mit Hilfe von Suarés über diese dürftige Übersetzung aus dem Hebräischen hinaus, entdeckt man etwas ganz anderes. Er hat das Hohelied nach den Regeln der Kabbala, einem Zweig der jüdischen Mystik, entschlüsselt und richtet sein Hauptaugenmerk auf das hebräische Original, das bei der normalen Übersetzung viel verliert. Er bemerkt, daß das hebräische *yerekh* sowohl Hüfte als auch Schenkel bedeutet, und daß die Übersetzung von *hhalaeem* als »Geschmeide« in der orthodoxen Bibel unkorrekt ist. Die Wurzel von *hhalaeem*, sagt er, ist *hhal*, was »fallen, tanzen, sich winden oder zittern« bedeutet. So heißt es nach Suarés nicht: »Deiner Hüften Rund ist wie Geschmeide«,

sondern »Die Kurven deiner Hüften scheinen sich zu verdrehen«.[7] Nehmen wir die
»Kurven« als »kreisende Bewegungen« – eine sinnvollere Übersetzung, da es ja um
Tanzbewegungen geht –, ergibt sich ein Bild der Sulamith, wie sie kunstvolle, kreisende Hüftdrehungen macht, die auch Zittern und Sich-winden einschließen können; Bewegungen, die für einen Bauchtanz grundlegend sind. Wenn man den Bauch
und den sogenannten Schoß betrachtet: in Bibelübersetzungen ist letzterer ein übli-
cher Euphemismus für Vagina und kann im Hebräischen auch eine Grenze oder Tür
zwischen zwei Welten bedeuten. Diese Zeilen legen, wiederum nach Suarés, nahe,
daß die Frau über diesen Teil ihres Körpers Kontrolle hatte, über seine Bewegungen
in einem Tanz und über die Regelung der Empfängnis selbst. Er übersetzt sie: »Du
hast Gewalt über den Grenzbereich des Halbmonds in seiner abnehmenden Phase«;
einfacher könnte man sagen: »Du hast Kontrolle über deinen Bauch mit seinen kontrahierenden Bewegungen« – die kontrahierenden Bauchbewegungen beim Tanz
und auch die Kontraktionen des Bauchs bei den Wehen.

Die in dieser Stelle verborgenen Bilder suggerieren Fülle und Reife, ein Tanz von
Sexualität und Geburt. Andere Stellen dienen dazu, das Bild von Fruchtbarkeit zu
betonen. Eine zum Beispiel lautet: »Irdisches Feuer arbeitet in deinem fruchtbaren
Körper. Das Feuer deines Denkens verwandelt das Blut.« Sulamith beschreibt sich
selbst als Hüterin der Weingärten, ein weiteres Symbol für Ernährung und fruchtbare Reproduktion, und zuvor erklärt sie, daß sie ihr Begehren nach dem Geliebten
ausdrücken will, indem sie für ihn tanzt. Ihr Tanz ist eine Anrufung, ein Vorspiel zu
dem sexuellen Akt, der folgt.

Das also ist der Tanz der Sulamith, der frühen Salome, die verschleiert war. Reli-
gionsbedingtes Schleiertragen hat viele Bedeutungen, die manchmal auf den ersten
Blick im Widerspruch zueinander stehen. Symbole können trügerisch sein, da sie
recht häufig, je nach der Kultur, in der sie verwendet werden, verschiedene Bedeutungen haben. (In manchen Gesellschaften ist zum Beispiel die Farbe schwarz ein
Symbol für Trauer und Tod, in anderen Gesellschaften ist es weiß.) Außerdem kann
die Bedeutung an eine historische Zeit gebunden sein. Wir haben gesehen, daß die
Erschaffung des Lebens in vielen Teilen der Welt zuerst durch eine weibliche Figur
symbolisiert wurde, und dennoch steht heute im Mittelpunkt der meisten Religionen ein allmächtiger männlicher Gott, der zuerst den Mann und danach die Frau er-
schuf. Religiöses Verschleiern hat ähnlich komplexe Konnotationen, symbolisiert
aber im wesentlichen das Verbergen von Wissen. Wenn wir sagen, etwas sei verschleiert oder »geheimnisumwoben«, meinen wir etwas Unbekanntes. Begreifen wir
zum ersten Mal ein Geheimnis, sagen wir, ein Schleier sei gelüftet worden. Unsere
Metapher geht bis auf Isis, die oberste weibliche Gottheit Ägyptens, zurück, die
noch weit in christliche Zeit hinein verehrt wurde. »Ich bin alles, was gewesen ist
und ist und sein wird, und kein Sterblicher hat meinen Schleier gelüftet.«

Neben dem Element der Geheimhaltung von Wissen, geht es bei der Verschleierung auch um sexuelles Geheimnis. Muslimische Frauen verschleiern sich, dem Islam gehorchend, in der Öffentlichkeit; Hauptziel ist dabei, ihre Sexualität vor den

Augen Fremder zu verbergen. In weniger deutlichem Ausmaß ist Verschleierung in Form von Kopfbedeckung während des Gottesdienstes, außer im Islam, auch Teil vieler anderer Religionen. Bei rituellen Opferungen, die mit Tod durch Enthaupten endeten, bezeichnete die Hingabe des Kopfes totales Opfer, und oft war bei dieser Art von Ritualen der Kopf des Opfers von einem Schleier bedeckt. Im übrigen wird in manchen christlichen Kirchen noch heute von den Frauen verlangt, daß sie ihr Haupt bedecken.

Das Christentum hat sich Mythen und heidnische Feste in größerem Maße zunutze gemacht als gemeinhin angenommen wird. Ostern, eines der höchsten Feste, findet im Frühling statt, ebenso wie die höchsten Mysterien, und ist nach einer Zelebration zu Ehren der Ostara, der angelsächsischen Himmelskönigin benannt (nach der auch das weibliche Hormon Östrogen benannt ist). Manche Forscher behaupten, daß das Neue Testament ganz aus neuerzählten heidnischen Mythen zusammengesetzt sei, und es ist leicht, bestimmte biblische Geschichten auf frühe Legenden zurückzuführen. In der Geschichte vom Leiden Christi setzt der Gottesdienst ein Ritual von Tod und Wiedergeburt in Szene, und die Grablegung Christi in einer Höhle, aus der er, wie aus einem Mutterleib, wiedergeboren hervortritt, führt uns zurück zu Ischtars Abstieg in die Unterwelt auf der Suche nach ihrem toten Sohn oder Geliebten. Während sie tiefer und tiefer in das Land des letzten Geheimnisses eindringt, führt sie einen Tanz auf, der das Abnehmen von sieben Schleiern beinhaltet, da die Zahl sieben als Symbol des Universums und auch der Jungfräulichkeit bedeutsam ist. (Früher zum Beispiel trug eine Braut im Nahen Osten während ihrer Hochzeitszeremonie sieben Kleider übereinander.) In unserem Zusammenhang ist Sieben als Zahl der Großen Mutter bedeutsam. Ischtars Tanz wurde Salomes Tanz. Letzterer wurde einigen Kommentatoren zufolge für König Salomon selbst aufgeführt, dessen Name der gleiche ist wie der ihre; für einen König, der heidnische Göttinnen anbetete und sich vor den Augen des Herrn in Ungnade brachte, indem er auf allen hochgelegenen Orten seines Reiches ihnen zu Ehren Tempel errichtete.

Vor Tausenden von Jahren pflegten Frauen auf solchen Hügeln und hochgelegenen Orten für eine weibliche Gottheit zu tanzen. Im alten Anatolien verbrachten sie ganze Nächte tanzend auf den Hügeln, zum Mißvergnügen ihrer Männer. In Sparta führten sie wilde, ungezügelte Tänze im Heiligtum der Artemis, der Göttin des Mondes und der Fruchtbarkeit, auf. Sie bekleideten sich nur mit einem *chiton*, dem Unterrock, den sie normalerweise unter ihren langen Übergewändern trugen. Im großen Artemis-Tempel von Ephesos huldigten Priesterinnen der Göttin mit ekstatischen Mysteriumsriten. Dem griechischen Reisenden Pausanias zufolge war ihr Tanz, *kordax* genannt, uralt; sein Grundmerkmal war ein Kreisen der Hüften und des Unterleibs.

Priesterinnen der Aphrodite, der griechischen Liebesgöttin, führten einen Solotanz auf, der als *cifte telli* bekannt war, und noch heute ist dies der griechische Name für Bauchtanz. Der *cifte telli* war im gesamten östlichen Mittelmeerraum verbreitet, wo die Verehrung einer Mondgöttin besonders ausgeprägt war. Er wird als Tanz schwingender Bewegungen, bebender Hüften und zuckender Schultern beschrieben, bei dem sowohl die Körper- als auch die Armbewegungen die Bewegungen von Schlangen nachahmen.

Die Schlange ist ebenfalls ein Symbol, das einst das männliche wie das weibliche Prinzip darstellte. Sie verkörperte das Wachstum der Vegetation, visionäre Kraft (was traditionell als weiblich angesehen wird) und durch die Häutung Unsterblichkeit. Das ägyptische Emblem für Unsterblichkeit war eine Schlange, die sich in den Schwanz biß. Die Schlange war jahrtausendelang mit bestimmten Göttinnen verbunden, und auf Kreta, wo Göttinnenverehrung ihre höchste Entwicklung erreichte, ahmte ein als Tanz des Labyrinths bekannter Tanz das Kriechen einer Schlange nach. Die charakteristischen Windungen des Bauchtanzes könnten sehr wohl den Schlangenaspekt der Göttinnenanbetung reflektieren, und wir können uns vorstellen, wie der Mythos vom Abstieg in die Unterwelt vielleicht in Tanzform durch Zu-Boden-fallen und Hin-und-her-winden des Körpers ausgedrückt wurde.

Im Judentum und im Christentum, zwei männlich-zentrierten Religionen, nimmt die Schlange eine andere Bedeutung an und repräsentiert schließlich Zerstörung. Adam und Evas Sündenfall und die Vertreibung aus dem Paradies sind das Werk der Schlange, des Versuchers Satan. Judentum wie Christentum waren gegen Göttinnenverehrung, dennoch gab es sie bis in die klassische Zeit Griechenlands und Roms, und die letzten Göttinnentempel wurden erst um 55 nach Christus geschlossen. Als sich der Islam als herrschende Religion im Mittleren Osten fest etabliert hatte, wurde den Frauen verboten, mit Männern zu tanzen, und dieses Verbot richtete sich gegen »Überbleibsel aus dem Heidentum, wie z.B. die orgiastischen Tänze, mit denen die heidnischen Araber den syro-phönizischen Gottesdienst für Aschtoret zu feiern pflegten«, die eine andere große Göttin war.[8]

Die Rituale der Göttinnenverehrung überlebten noch lange nach Untergang dieser Religion. Sie wurde auf andere Gottheiten übertragen und setzt sich im Christentum als Anbetung der Jungfrau Maria fort, die manchmal populärer ist als ihr Sohn. Maria, Mutter und doch keusch, verkörpert offensichtlich widersprüchliche Seinsweisen, ebenso wie Ischtar. Es gibt jedoch einen wichtigen Unterschied zwischen Maria und früheren weiblichen Gottheiten. Anders als diese ist sie keusch, obwohl sie Mutter ist. Dies unterbindet die gefährliche aktive Seite sexueller Macht, die ihre Vorläuferinnen besaßen.

Die frühe Bedeutsamkeit des Göttinnenkults wird heute trotz beträchtlicher Gegenbeweise von vielen Gelehrten angezweifelt, die ihn als nebensächlichen Kult abtun. Hier soll nicht die Offensichtlichkeit seiner Bedeutung abgehandelt werden, es gibt darüber faszinierende Bücher, insbesonder *The Paradise Papers* von Merlin Stone. In unserer sexuell verwirrten Welt ist die mögliche religiöse Bedeutung des erotischen Bauchtanzes von Forschern und Tanzhistorikern gleichermaßen ignoriert worden. Dennoch weist alles hin auf eine Verbindung zwischen mimischen Geburtsdarstellungen, frühem Schöpfungstanz und dem, was Teil der Göttinnenrituale in der prähistorischen Welt war.

Heute sind die Merkmale dieses Tanzes Teil einer einzelnen Kunst. Sie umfassen schlangenartige und kraftvolle Hüft- und Beckenbewegungen, den Umgang mit Schleiern, ein Zu-Boden-gehen und das rituelle Tragen eines Hüftgürtels oder einer Schärpe, was mit dem symbolischen Emblem der Ischtar, einem Gürtel, in Verbindung gebracht werden kann. Zu welcher Gelegenheit auch getanzt wird, im Nahen Osten ist ein eng um Taille oder Hüften geschlungener Gürtel wesentlich. Ganz gleich, welche Kleidung sonst getragen wird, ohne dieses einzige übriggebliebene Stück des rituellen Kostüms zu tanzen ist undenkbar.

Der Tanz, der hier beschrieben wird, ist im Nahen Osten noch immer überaus populär. Seine Rolle mag sich gewandelt haben, doch ich glaube, daß der heutige Bauchtanz im wesentlichen der gleiche ist wie der, den unsere Ahnen kannten. Einst tanzten die Frauen ihn, um ihre Macht zu demonstrieren. Als sie diese Macht verloren, tanzten sie ihn weiter, wenn er auch seine Bedeutung verloren hatte.

Yakshi, indische Tempeltänzerin und Na-
turgottheit aus Konarak, Orissa, Mitte des
dreizehnten Jahrhunderts.

DRITTES KAPITEL

Salome

Indische Tempel aus dem zweiten und dritten Jahrhundert vor Christus sind mit Skulpturen männlicher und weiblicher Gottheiten bedeckt, die in einer Liebesumarmung vereint sind. In diesen Figuren mit ihren plumpen Schenkeln und ihrem verklärten Lächeln scheint uns der schuldfreie Genuß von Sexualität verkörpert zu sein. Durch die Säulengänge tanzt eine Reihe wollüstiger *yakshis*, Tempelpriesterinnen, für die erotischer Tanz eine wesentliche Tätigkeit war.

Tempelpriesterin zu sein war eine große Ehre, denn diese Frauen verkörperten die Gottheit. Sie waren im allgemeinen die gebildetsten Frauen der Gesellschaft und in der Öffentlichkeit hoch geachtet. Manche besaßen Land oder stammten aus adligen Familien. Manche waren verheiratet oder nahmen später einen Mann und verließen den Tempel, kamen jedoch nach einiger Zeit zurück, um wie zuvor an den Riten teilzunehmen. In einigen Ländern galten Tempelpriesterinnen als heilige Frauen, in Kambodscha wurden sie liebevoll als *a-nan* bezeichnet, was von dem Sanskrit-Wort *ãanda* kommt und »Freude« oder »Glück« bedeutet.

Ein Aspekt ihrer Rolle war, daß sie sexuelle Göttinnen waren. Indische Tempelpriesterinnen führten erotische Tänze vor, die vermutlich die kreisenden Beckenbewegungen des Bauchtanzes einschlossen. Und sie hatten sexuelle Beziehungen mit männlichen Tempelbesuchern, gegen Geld, das zum Erhalt des Tempels beitrug. Dieser Geldtausch führte zu der Verflechtung von erotischem Tanz und Prostitution. Tanzhistoriker breiten einen diskreten Schleier über Bauchtanz, als fürchteten sie, was sie erforschen sollten.

Die frühen Bauchtänzerinnen waren keine Prostituierten in dem Sinne, wie wir das Wort heute verstehen. Priesterinnen, die tanzten und sich männlichen Gläubigen gegen Geld hingaben, sind als solche von Historikern beschrieben worden. Doch gibt es keinen Hinweis, daß sie primär als Frauen angesehen wurden, die Sexualität verkauften, um persönlich daraus Gewinn zu ziehen, wie Prostitution heute definiert wird. Diese »Prostituierten« waren in der eigenen Gesellschaft geachtete Frauen, die nicht unter dem Stigma litten, das heute diesem Beruf anhaftet.

Wenn eine Tempelpriesterin körperliche Beziehungen zu mehreren Männern hatte, so vollzog sie einen geheiligten Ritus und bot nicht eine sexuelle Ware auf dem Markt feil. Wenn sie tanzte, wandte sie den Betenden den Rücken zu, machte ihre geschmeidigen Bewegungen nicht für sie, sondern für die Gottheit, deren Bildnis vor ihr stand. Tanzen setzte in ihrem Körper eine Energie frei, eine Kraft, die sie befähigte, sich mit dem göttlichen Geist zu vereinigen, und deshalb sahen die Männer, die Liebe mit ihr machten, sie als Vermittlerin zu dieser geheiligten Macht. Sie gab ihnen ihre Energie weiter, so daß auch sie fähig waren, mit dem Göttlichen in Kontakt zu treten. Damals bestand eine Auffassung von sexueller Energie, die später durch den Zivilisationsprozeß verloren ging, und Männer begaben sich gewiß nicht aus dem rein physischen Bedürfnis nach einer Frau in den Tempel, denn es gab Prostituierte im gängigen Sinn des Wortes, die dieses Bedürfnis erfüllten.

Seit frühester Zeit beteten im Nahen Osten Frauen die Große Göttin in ihren verschiedenen Gestalten an, indem sie sich Fremden hingaben. Dieser Brauch war in ganz Mesopotamien geläufig, einer Region, die den heutigen Irak, Kuwait und Teile des Iran, der Türkei und Syriens einschloß. Er war auch in Ägypten, Arabien und Phönizien, dem heutigen Libanon, bekannt. Im fünften Jahrhundert vor Christus wurde er formalisiert in der Anbetung der Großen Göttin in Babylon. Die Überlieferung besagt, daß jede Frau einmal in ihrem Leben zu dem Tempel der Mylitta ging, sich davor niedersetzte und wartete, bis ein Mann vorbeikam, der, den Namen der Göttin anrufend, ihr eine Münze zuwerfen würde als Aufforderung zu sexuellem Verkehr. Erst wenn das stattgefunden hatte, konnte sie nach Hause zurückkehren. In derselben Epoche gingen in Zypern junge Mädchen in der Dämmerung am Strand entlang und gaben sich Männern hin gegen Geld, das sie auf den Altar der Aphrodite, der griechischen Liebesgöttin, legten. Dort blieb es viele Jahre lang, bis es für ihre Mitgift gebraucht wurde. Im klassischen griechischen Altertum gehörten zum Venustempel in Korinth eine große Anzahl tanzender Mädchen, die ebenfalls sexuelle Beziehungen zu männlichen Tempelbesuchern hatten.

Der Historiker N.M.Penzer glaubt, daß Frauen zu sexuellen Göttinnen gemacht wurden als eine Reaktion auf die Ängste um die Fruchtbarkeit des Bodens. Wir haben gesehen, wie Ischtar jedes Jahr in die Unterwelt hinabstieg, und daß während ihrer Abwesenheit die Paarung bei Menschen und Tieren angeblich unterblieb. Indem man Frauen zu Göttinnen der Sexualität machte, sicherte man durch einen Sympathiezauber, daß der Fruchtbarkeitsgeist nicht gänzlich ausstarb. Penzer vermutet, daß die sogenannte sakrale Prostitution auch aus dem Brauch entstanden sein könnte, Fremden sexuelle Gastfreundschaft angedeihen zu lassen, und daß sie die zeitweise Anerkennung zuvor bestehender Gemeinschaftsehen bezeichnete. Diese Tradition verschwand, je mehr sich das Patriarchat durchsetzte. In Gesellschaften mit patrilinearer Erbfolge wurde es wichtig, die männliche Linie zurückverfolgen zu können. Die Vaterschaft erlangte entscheidende Bedeutung. Der einzige Weg, sie zu sichern, bestand in der Einschränkung der sexuellen Freiheit der Frauen. Wie und wann diese Veränderungen von matrilinearen zu patrilinearen Gesellschaften stattfanden, darüber gibt es unterschiedliche Ansichten; sicher ist, daß sich die Haltung der Gesellschaft zur Sexualität geändert hat.

Ambivalent war die Einstellung zur weiblichen Sexualität in vielen Gesellschaften. Ein alter Mythos berichtete die Geschichte der vagina dentata, einer mit Zähnen versehenen Vagina, die jeden Penis verschlang, der furchtlos genug war, in sie einzudringen. Die Göttin selbst wurde oft mit zwei Seiten dargestellt: so war sie eine wohlwollende Fruchtbarkeitsfigur, aber auch der dunkle Schoß, eine Unterwelt des Todes. Ischtars Kräfte beinhalteten eine Sexualität, die ihren Liebhabern den Tod brachte. Sie war eine Kurtisane, deren Liebe zerstören konnte; eine schöne Frau, die einen Dämon in sich hatte. Diese dunkle Seite der weiblichen Sexualität trat als Charakteristikum stärker hervor, als jüdisch-christliche Glaubensrichtungen im Nahen Osten an Bedeutung gewannen. Der Begriff der Versucherin war nun eine Kraft, die man einkalkulieren mußte, und Sexualität, die im wesentlichen positiv gewesen und frei gegeben worden war, wurde zurückgehalten; eine Ware wie jede andere, die käuflich und verkäuflich war.

Unterschiedliche Religionen spiegelten die Veränderung in verschiedener Weise wider. Vom Gesichtspunkt des Bauchtanzes her interessieren uns vorwiegend die Glaubensrichtungen von nahöstlichen und mediterranen Ländern, wo sich nach und nach männlich-dominierte Religionen durchsetzten.

In den jüdisch-christlichen Religionen wurde Sexualität mit Sünde und Schuld verwoben. Ihre einzige Rechtfertigung wurde die Fortpflanzung der menschlichen Rasse. Die freudvollen, lebenssteigernden Aspekte der Sexualität wurden abgespalten und sind in einem gewissen Maße noch heute in unserer eigenen Kultur von dem reproduktiven Aspekt losgelöst. Der Islam, in derselben Gegend der Welt entstanden wie Judentum und Christentum, zog beide, vor allem ersteres, für seine Mythologie heran.

Da diese neuen Glaubensströmungen die dunkle Seite der Sexualität betonten, wurden die Frauen immer mehr als vermutlich destruktive, lüsterne Geschöpfe gesehen, die man fürchten mußte und deren fleischliche Triebe kontrolliert werden mußten. Frauen, die unrechtmäßige Beziehungen zu Männern eingingen, wurden bestraft, während Männer, die das gleiche taten, ihre Übertretungen rationalisierten und geltend machten, sie seien von der unwiderstehlichen Macht des weiblichen Geschlechts in Versuchung geführt worden.

Die Bibel enthält viele Geschichten von Männern, die durch den fatalen Einfluß von Frauen zu Schaden kamen. Vielleicht wichtiger als alle anderen für die Begründung des Begriffs der bösen weiblichen Macht ist die Geschichte von Salome aus dem Neuen Testament. Sie erzählt, wie Herodias, Salomes Mutter, danach trachtete, Rache zu nehmen an Johannes dem Täufer, der ihre Ehe mit Herodes für ungültig erklärt hatte. Bei Herodes' Geburtstagsfeierlichkeiten tanzte Salome nach den Anweisungen ihrer Mutter für den König, und ihr Tanz gefiel ihm so sehr, daß er sie mit allem, was sie wählen würde, belohnen wollte. Ihr Tanz muß wirklich ein fesselnder Anblick gewesen sein, denn er bot ihr die Hälfte seines Königreiches als Bezahlung. Der Einflüsterung ihrer Mutter folgend, verlangte Salome jedoch den Kopf von Johannes dem Täufer, der in Herodes' Gefängnis schmachtete. Der König bat sie inständig, etwas anderes zu verlangen, aber sie beharrte darauf, und er war gezwungen, ihre Forderung zu erfüllen.

Es ist möglich, daß Salomes Tanz gar nicht stattfand. (Ihr Name wird nämlich in der Biblischen Geschichte überhaupt nicht erwähnt, es ist nur von »Herodias' Tochter« die Rede.) Ihre Geschichte ist, wie gesagt, eine Umarbeitung des Ischtar-Mythos, dessen Element von Menschenopfer der nun gänzlich destruktiven Macht von Frauen zugeschrieben wird. Doch anders als Ischtar bringt Salome das Opfer nicht zum Leben zurück; in diesem Fall bezeichnet die rituelle Übergabe des Kopfes ein totales Opfer. Freud zufolge symbolisiert dies auch Kastration.

In Salomes Geschichte ist das sexuelle Element implizit; sie fordert Bezahlung für ihren erotischen Tanz, im Grunde genommen Bezahlung für Sexualität. Für spätere Interpreten der Bibelgeschichte (insbesondere Oscar Wilde im neunzehnten Jahrhundert) stellte Salome den Inbegriff der *femme fatale* dar und dem entspricht noch heute unser Bild von ihr. Vorausgesetzt, daß ihr Tanz von Ischtars Willkommenstanz herkommt, wird in der Geschichte von Salome der Glaube an die destruktive Sexualität von Frauen vorherrschend. Ihre Vorführung bezeichnet den Übergang des erotischen Tanzes vom Heiligen zum Profanen.

Penzer legt nahe, daß der religiöse Aspekt dieser Art von Tanz infolge fremder Eroberung und dem, was er als »die allgemeine Ausbreitung von Immoralität« bezeichnet, verloren ging. Wir nehmen an, daß er damit das Ende der sexuellen Wahlfreiheit der Frauen meint. Den Begriff der sexuellen Immoralität hätte es natürlich in einer Gesellschaft, in der die Frauen über ihre Sexualität selbst bestimmten, nicht gegeben. Erst mit der Entwicklung der monogamen Ehe sei dieser Begriff geboren worden. Penzer sagt weiterhin, daß Tänzerinnen »gewöhnliche Prostituierte wurden, die tanzten, wenn die Umstände es erforderten. Selbstverständlich wandte man sich an sie, wenn Tanz für ein Hochzeitsfest oder sonstige private Unterhaltung gewünscht wurde, denn Tanzen und Prostitution waren von frühester Zeit an untrennbar.«[9]

Lillian B. Lawler, eine Expertin für griechischen Tanz, schreibt, daß es einen Passus in der griechischen Literatur gibt, der sich auf eine Prostituierte als eine *theatrotoryne* bezieht. Sie fügt hinzu, daß dieses Wort nirgends sonst in griechischen Schriften zu finden ist, und daß es von *theatro*, oder Theater, herkommt, wo diese Frauen tanzten, und von *toryne*, einem Schöpflöffel oder Rührgerät. Sie spekuliert, daß *toryne* einen von zwei Tänzen beschreibt, die von Prostituierten ausgeführt wurden: den *makter* oder *igde*, die beide an einen Löffel, mit dem etwas in einem Kessel umgerührt wird, erinnern. Ein *maktra* war ein Backtrog oder ein Faß, und der Tanz, der seinen Namen trug, schloß »ein laszives Schwingen der Hüften« ein. Ähnlich erhält der Tanz, der als *igde* bekannt ist, seinen Namen von dem Wort für »Mörser«, das wiederum auf ein Wort zurückgeht, das »zermahlen, zerstampfen« bedeutet. Bei diesem Tanz pflegten die Tanzenden kreisende Bewegungen mit ihren Hüften zu machen, die an die Bewegungen eines Stößels erinnern, mit dem Nahrungsmittel in einem Mörser zerstoßen werden. Mit diesem Tanz verbunden ist eine Bewegung, die als »sich wie eine Weidengerte biegen und winden« übersetzt wird. In den *Metamorphosen* von Apuleius zieht ein junges Mädchen, Fotis, die Aufmerksamkeit eines jungen Mannes auf sich, als sie in einem Topf auf dem Feuer rührt und ihre Schultern und Hüften rhythmisch hin- und herschwingt. Nach Lilian B. Lawlers Meinung ist der Name dieses Tanzes doppelt zu verstehen: es ist ein »Löffel«- oder »umrührender«- Tanz, der die Zuschauer durch seine sinnlichen Bewegungen »aufrührt«. Sie stellt eine ganze Sammlung solcher Tänze zusammen, deren charakteristische Bewegung eine wollüstige Drehung des Beckens mit einem scharfen, plötzlichen Hüftruck war, der an Stampfen erinnert – eine Bewegung, die für jede Bauchtänzerin sofort erkennbar ist. Dann gab es den *kordax*, der, von Prostituierten entwickelt, zu einem »lüsternen Kreisen von Leib und Gesäß, oft bei eng geschlossenen Füßen« wurde. Alle obengenannten Tänze sind »im wesentlichen das Gleiche – stimulierende oder Fruchtbarkeitstänze, deren genaue Entsprechungen aus primitiven Zeiten in den Ritualen vieler Naturgottheiten zu finden sind... Pausanius bezeugt uns, daß der *kordax* selbst zum Kult der Artemis gehörte, die eine Fruchtbarkeitsgöttin war.«[10]

In einer Nebenbemerkung kommentiert sie einseitig, daß die Bewegungen sich verdächtig nach dem Hopsen und Stampfen eines Possenspielers anhören. Seltsamerweise aber gelingt es ihr nicht, den *makter* oder *kordax* mit dem heutigen Bauchtanz in Verbindung zu bringen. Sie erwähnt andere Tänze, wie den *sikinnis*, die einen trippelnden Gang, übertriebene Hüftbewegungen und ein Schütteln des Körpers (wie beim Shimmy) umfassen; auch eine feine, wollüstige Version des pantomimischen Tanzes, der später ausdrücklich erotisch wurde und dementsprechend verurteilt.

Im klassischen Griechenland waren die Hetären bei jeder festlichen Zusammenkunft unabdingbar. In den *Hetärenbriefen* schildert Alkiphron, wie zwei Tänzerinnen, Thryallis und Myrrhine, einen Wettkampf veranstalteten, um festzustellen, wer von beiden das schönere Hinterteil besäße. Die Frauen entfalteten nacheinander ihre Reize durch eine Tanzbewegung, die wir als Shimmy wiedererkennen.

Zuerst löste Myrrhine ihren Gürtel - die seidene Unterwäsche behielt sie an -, und unter dieser wiegte sie ihre Hüften hin und her, daß sie zitterten wie dicke, fette Milch. Dabei sah sie nach rückwärts auf die Bewegungen ihrer Hinterbacken. Sie seufzte auf, als ob sie in Liebesekstase wäre, so daß ich wahrlich - bei Aphrodite - selber ganz weg war. Aber auch Thryallis war nicht prüde, sondern übertraf Myrrhine noch an Ungeniertheit. Sie rief: »Ich will in keinem auch noch so dünnen Gewand streiten und nicht spröde tun, sondern ganz nackt wie im Ringkampf. Denn der Kampf duldet keine Ausreden.« Sie streifte ihre Kleider ab, bog die Hüften ein wenig seitwärts und sagte: »Schau dir diese Farbe an, wie tadellos, Myrrhine, wie fleckenlos, wie rein diese rosigen Hüften - und da den Übergang zu den Schenkeln, weder zu dick noch zu mager, auf den Hügeln die

Grübchen! Beim Zeus, sie wackeln nicht wie die der Myrrhine!« Und dabei lachte sie
mutwillig und schwang ihr Hinterteil, daß die Bewegung in einem Fluß über die Hüften
rann, bis alle Beifall klatschten und den Sieg der Thryallis zuerkannten.[11]

Zu jener Zeit tanzten in Griechenland vornehme Damen nicht in der Öffentlichkeit, obgleich die Kunst der Musik bei der Erziehung und im gesellschaftlichen Leben eine Rolle spielte. Bei festlichen Anlässen engagierte man in höheren Schichten
Unterhalter. (Dasselbe galt für das alte Ägypten; dort wird es heute noch so gehandhabt.)

Vielleicht erröteten feine Damen nur deshalb beim Gedanken an Tanzen in der
Öffentlichkeit, weil das die Arbeit von Sklaven und Prostituierten war. Es ist zum
Beispiel auch überliefert, daß diese Damen auch erröteten, wenn sie die Kunst des
Lesens und Schreibens hätten erlernen sollen. Auch solche Fertigkeiten waren oft
den Prostituierten vorbehalten, die in vielen Gesellschaften zu den meistgebildeten
Frauen gehörten. Dies traf auf die japanische Geisha zu, auf die griechische Hetaerae
und die Kurtisanen des klassischen Indien. Ebensowenig wie eine Adlige sich nicht
träumen lassen würde, ihr Haus selbst sauberzumachen, würde sie sich auch nicht
einfallen lassen, so gemeine Arbeit zu verrichten wie zu tanzen, um ihren Mann und
dessen Freunde zu unterhalten. Die Tatsache, daß in allen nahöstlichen Ländern die
Frauen aus den Oberschichten nicht tanzten, spiegelt den Status derer wider, die es
taten. Wie ihre Männer sahen auch Frauen gern einer guten Vorführung zu und das
ist bis heute so geblieben. Daß die Tänzerin vielleicht auch eine Prostituierte war,
hatte wenig Bedeutung, denn diese Frauen waren die besten Tänzerinnen, die man
finden konnte. Wie vor Hunderten von Jahren ist es heute noch genauso undenkbar,
etwas zu feiern, ohne sie zu engagieren.

Juvenal berichtet, daß in Rom um das zweite Jahrhundert vor Christus jeder Tempel mehr oder weniger ein zugelassenes Bordell war. Während des Römischen Reiches war der Einfluß der Kirche so prohibitiv, daß viele Tänzerinnen gezwungen
waren, die Städte zu verlassen. Ihre Karrieren endeten mit der Barbareninvasion Ende des vierten und Anfang des fünften Jahrhunderts. Viele gingen nach Osten, besonders nach Konstantinopel (dem heutigen Istanbul), wo sie sich großer Popularität
erfreuten.

Da der Tanz seine religiöse Bedeutung verloren hatte, erschien die Bezahlung der
Tänzerinnen in einem neuen Licht. Im wesentlichen tanzten die Frauen den Tanz,
den sie immer getanzt hatten. Ein dem *kordax* ähnlicher Tanz war noch bis in die
Tage des Römischen Reiches hinein als von einer Doppelflöte begleitetes Solo zu sehen. Aber die Frauen tanzten jetzt eine absichtsvoll suggestive Version, um persönli-
chen Gewinn daraus zu ziehen.

Es ist kaum verwunderlich, daß erotischer Tanz und Prostitution untrennbar vermischt wurden, denn seiner innersten Natur gemäß war er eine Liebeskunst. Nahöstliche und indische Abhandlungen über Liebe schlossen Tanz als ein wesentliches
Attribut ein, das jede Frau pflegen sollte, wenn sie ihrem Liebhaber gefallen wollte.
Diese Bücher, unter anderem *The Perfumed Garden* und das *Kama Sutra*, wurden im

Westen oft als schockierend empfunden wegen ihrer freimütigen Darstellung sinnlicher Genüsse. Westliche Forscher, die im achtzehnten Jahrhundert mit dem Studium der alten Geschichte begannen, waren ebenfalls schockiert über die sexuellen Praktiken von Tempelpriesterinnen in primitiven Gesellschaften. Diese Forscher kamen aus einer Kultur mit, vor allem was Frauen betraf, stark unterdrückter Sexualität. Da sie die ethischen Grundsätze ihrer eigenen Gesellschaft beim Interpretieren der Geschichte anderer Gesellschaften zugrundelegten, konnten diese Herren aus dem achtzehnten und neunzehnten Jahrhundert Tempeltänzerinnen, die körperliche Beziehungen zu Fremden hatten, kaum verstehen. In der tantrischen Tradition ist der Körper der Tempel des Göttlichen; im Westen hingegen werden Religion und Sexualität streng auseinander gehalten.

Mysore, ein christlicher Missionar, der Indien am Ende des achtzehnten Jahrhunderts besuchte, schrieb, die Kunst der indischen Tempeltänzerinnen sei »lasziv... und die Bewegungen (der Frauen) unanständig. Was ihren Gesang angeht, beschränkt er sich fast immer auf obszöne Verse, die irgendeine unsittliche Episode in der Geschichte ihrer Götter beschreiben.«[12] Obszön und unanständig? Ja, in den Augen einer Gesellschaft, die Spiritualität und Sinnlichkeit trennte und Sinnlichkeit verurteilte. Für die viktorianische britische Mittelschicht existierte Sexualität wie ein Skelett hinter einer Schranktüre, die immer wieder aufklaffte, trotz gewaltiger Anstrengungen, sie zuzuhalten. Ab und zu warf man Bücher in diesen Schrank, auch orientalische Werke über die Künste der Liebe, die man genauso beurteilte wie Bücher über die zotigen Heldentaten lüsterner Gentlemen.

Bis heute sind diese Bücher in gewissem Sinne »verboten«. Penzers Essay über sakrale Prostitution, die Erzählungen aus *Tausend und einer Nacht* und noch viele andere Werke, die ich las, als ich für dieses Buch recherchierte, werden in einer besonderen Abteilung der British Library aufbewahrt, und beim Lesen mußte ich mich an einen Tisch unter den Augen des Bibliothekars setzen.

Clifford Howard schrieb 1897, daß zu seiner Zeit noch immer eine Truppe von tanzenden Mädchen oder *Nautch*-Tänzerinnen zu jedem wichtigen indischen Tempel gehörte, obgleich ihre Zahl weit unter den zwanzigtausend lag, die im zwölften und dreizehnten Jahrhundert in religiösen Häusern lebten.

Er schreibt, daß es als seltene Ehre betrachtet wurde, wenn man für diesen Beruf ausgewählt wurde, und daß manche der Tänzerinnen als besonders heilig galten. Sie wurden täglich angebetet und erhielten kostbare Ornamente, Wein, Blumen und duftende Früchte zum Geschenk von denen, die zu ihren Füßen beteten. Wären sie »Frauen mit schlechtem Charakter« gewesen, wie sie einst von einem chinesischen Reisenden beschrieben wurden, wären sie kaum für eine hochgeachtete Position in einem religiösen Haus erwählt worden.

In den 20er Jahren veröffentlichte W.O.E.Oesterly ein Buch über sakralen Tanz. Darin verzeichnet er gewissenhaft die Entwicklung des religiösen Tanzes im alten Griechenland und dem Nahen Osten, und belegt sie mit aus Hunderten von Erzählungen der klassischen Literatur ausgewählten Beispielen. Doch über das, was er als

Darstellung einer altägyptischen Tänzerin auf einem Stich aus dem neunzehnten Jahrhundert.

»promiskuitiven Tanz« bezeichnet, kommt kein Wort über seine Lippen. Er gibt sich mit der Bemerkung zufrieden, daß der sakrale Tanz zu Ehren von Artemis »zuweilen lasziven Charakter« hatte.[13] Als er auf das alte Ägypten zu sprechen kommt, stellt er Betrachtungen über ein Fresko an, das nackte Tänzerinnen bei einem Fest zeigt. Er schließt mit der Bemerkung, daß ihr Tanz sich »nicht erheblich von dem unterscheidet, der auf anderen ägyptischen Inschriften gezeigt wird, wo er unmißverständlich sakral ist.« Doch unsere Information über säkularen ägyptischen Tanz ist begrenzt. Als die Ägyptologen Ende des achtzehnten Jahrhunderts ihre Arbeit begannen, neigten sie dazu, den säkularen Tanz außer Acht zu lassen, da sie größeres Interesse an den nüchternen Aspekten des dynastischen Lebens hatten. Daher haben wir eine Fülle von Beschreibungen von Leichenbegängnissen, doch wenige nur von den Nackttänzen, die bei ägyptischen Banketten zu sehen waren.

E.W. Lane schloß eine Diskussion über alten und modernen Tanz in seine Arbeit *The modern Egyptians*, eine erschöpfende Studie des ägyptischen Lebens im neunzehnten Jahrhundert, ein. Er beschreibt die Straßentänzerinnen, die

Zigeuner-*Ghawazi*, ausführlich und bemerkt: *In vielen altägyptischen Gräbern finden wir eine Darstellung von Frauen, die bei privaten Veranstaltungen tanzen... ähnlich wie die modernen Ghawazi, aber in sogar noch unzüchtigerer Weise; denn eine oder mehrere dieser Tänzerinnen sind im allgemeinen im Zustand völliger Nacktheit abgebildet... Diese Art zu tanzen war, wie sich herausstellt, von frühester Zeit an in Ägypten verbreitet; sogar noch vor dem Exodus der Israeliter. Es ist daher möglich, daß sie ohne Unterbrechung fortdauerte.*[14]

Lane war zu glauben gewillt, daß die Kunst antike Vorläufer hatte, war aber hin und her gerissen zwischen einer kaum verhehlten Bewunderung für die *Ghawazi* und dem Gefühl, daß sie irgendwie etwas Unakzeptables an sich hatten. Viele seiner Zeitgenossen hielten es für notwendig, ihr Interesse an den Tänzerinnen zu rechtfertigen, mußten sogar verteidigen, daß sie eine Vorstellung besucht hatten, um die Frauen tanzen zu sehen.

Noch in den 30er Jahren war der tschechoslowakische Gelehrte Charles Lexová so erbost, als eine Bauchtänzerin behauptete, ihre Kunst stamme aus dem alten Ägypten, daß er seine Tochter die Fresken in den Gräbern kopieren ließ, um der Tänzerin ein für allemal zu beweisen, daß sie Unrecht hatte. Wir können uns seine Wut darüber vorstellen, daß etwas Sakrosanktes von jemandem in Anspruch genommen wird, den er »nur« für eine Prostituierte hält. Wie Penzer bemerkte, gingen Prostitution und erotischer Tanz von frühester Zeit an Hand in Hand. Doch ursprünglich war der erotische Tanz mit *freiem Austausch* von Sexualität verbunden; erst nach einer tiefgreifenden Verminderung des gesellschaftlichen Status der Frauen wurde er zur Kunst der professionellen Verführerinnen. Diese veränderte Haltung gegenüber den Frauen selbst war verantwortlich dafür, daß das Ansehen des Bauchtanzes fiel.

Bauchtanz als Kunst hat unter der sexuellen Verwirrung gelitten, die sowohl christlichen als auch muslimischen Gesellschaften anhaftet. Das Ergebnis ist, daß wir, nachdem die Erinnerung verlorengegangen ist, bei Salomes Tanz nicht an die Inszenierung eines Fruchtbarkeitsritus denken, sondern an den Verführungstanz einer *femme fatale*.

Französische Lithographie aus dem neunzehnten Jahrhundert: Ägyptische Tänzerinnen treten vor Frau-
en auf, die aus Europa zu Besuch sind.

VIERTES KAPITEL

Reiseerzählungen

Lady Mary Wortley Montagu, die profilierte Tagebuchautorin und Briefeschreiberin, fuhr 1717 nach Konstantinopel. Dort wurde sie Zeugin einer Vorführung, von der sie ebenso gefesselt war wie die vielen Reisenden, die später ihren Spuren folgten. Einer ihrer Briefe nach Hause enthält folgenden Bericht:

Sofort stimmten vier von ihnen (den Tänzerinnen) auf einem Instrument, welches die Mitte zwischen Laute und Guitarre hielt, sanfte Weisen an und sangen dazu. Die anderen bewegten sich dazu abwechselnd im Tanz... Es gibt nichts Kunstvolleres, nichts was geeigneter wäre, gewisse Gedanken und Wünsche zu erwecken. Die schmelzende Musik, die schmachtenden Bewegungen, brechenden Augen, die Pausen; die Art, wie sie sich zurückbogen und kunstvoll wieder aufrichteten, all dies muß auch die kälteste und sittenstrengste Prüde an Dinge mahnen, über die man nicht spricht.[15]

Eines Tages besuchte Lady Mary auch das türkische Bad, das *hamam*, und war beeindruckt, denn sie sah bei zweihundert zusammen badenden Frauen

kein zügelloses Lächeln, keine lockere, unanständige Gebärde... der Anblick so vieler schöner Frauenleiber in verschiedenen Stellungen... Einige Damen plauderten; einige machten Handarbeiten, andere wieder tranken Kaffee und Sorbet oder lagen lässig auf ihren Polstern und ließen sich von ihren Sklavinnen... das Haar in verschiedenen Arten aufstecken. Kurz und gut, dies ist das Damenkaffeehaus, wo alle Stadtneuigkeiten besprochen, Skandalgeschichten erfunden werden usw.[16]

Welch wichtige gesellschaftliche Funktion die öffentlichen Bäder hatten, geht auch daraus hervor, daß die Besucherinnen oft von Musikantinnen und Tänzerinnen unterhalten wurden. Das *hamam* war berühmt für die Vorstellungen, die dort gewöhnlich von etwa einem Dutzend Tänzerinnen, die bis zu dreißig Jahre alt waren, gegeben wurden, wobei Musikantinnen sie begleiteten. Lady Mary sah bei ihrem Besuch im Bad nichts dergleichen, doch hinterläßt sie uns einen amüsanten Bericht darüber, wie die Frauen sie durchaus dazu bewegen wollten, sich auszuziehen. »Da ... mußte ich schließlich doch das Hemd öffnen und ihnen mein Mieder zeigen. Dies befriedigte sie vollauf, denn sie glaubten zuerst, ich sei in die Maschine so eingeschlossen, daß es nicht in meiner Macht stünde, sie zu öffnen und schoben die Vorrichtung der Eifersucht meines Gatten zu.«[17]

Über den marmornen Sitz, auf dem sich Lady Mary an jenem Tag im Bade niederließ, waren reichbestickte Kissen und Decken gebreitet, die zweifellos alle von Dampf durchnäßt waren. Das war die besondere Note, von der spätere Reisende fasziniert waren, die die Reise nach Ägypten und in die Türkei zur damaligen Zeit nur zum Vergnügen unternahmen. Einige allerdings hatten hochfahrendere Pläne.

Der Nahe Osten war von großer strategischer und kaufmännischer Bedeutung für den Westen, und im Jahre 1798 fand die erste organisierte Expedition nach Ägypten seitens einer europäischen Macht statt. In jenem Jahr landete Napoleon mit seiner Armee in Ägypten, unter anderem auf der Suche nach einer alternativen Reiseroute nach Indien.

In Kairo begegneten seine Soldaten den *Ghawazi*, die auch als *banat el beled* bekannt waren. Die *Ghawazi* (vom Arabischen *ghawa*, was »Invasoren des Herzens« bedeutet) waren Zigeunerinnen. Man konnte sie in Siedlungen am unteren Nil finden und auch in Kairo, wo sie bald mit den französischen Soldaten verkehrten. Wie viele, die sich selbst durchschlugen, hatten sie rudimentäre Kenntnisse verschiedener Sprachen und waren ja auch einst angesehen wegen ihrer künstlerischen Fertigkeiten. Zur Zeit Napoleons war ihr Ansehen jedoch schon beträchtlich gesunken. Sie wurden bald zu einem vertrauten Anblick im französischen Lager, was die Generäle Bonapartes schließlich verdroß, den es wurde behauptet, sie säten Zwietracht unter den Soldaten. Sie wurden mit einer Seuche verglichen, und es wurde empfohlen, diejenigen, die herumlungernd aufgegriffen würden, zu ertränken. In dem Buch *Almées and Ghawazee* berichtet der Schriftstellers Auriant, daß auf Veranlassung französischer Generale vierhundert *Ghawazi* gefangengenommen wurden und enthauptet; danach wurden ihre Körper in Säcke gepackt und in den Nil geworfen. Nach dieser entsetzlichen Barbarei legte General Billier den Ägyptern nahe, sie sollten, als rein humanitäre Maßnahme, anständige Arbeit für die *Ghawazi* finden. Was General Billier und seine Landsleute anging, so waren sie selbst nicht daran interessiert, zur Rehabilitation dieser Frauen beizutragen; denn es waren die Franzosen, die später den pragmatischen Schritt machten, in den Städten offizielle Bordelle einzurichten, und diese Etablissements zogen Frauen an, die vor Armut verzweifelt waren. Diese Maßnahme war für die Franzosen viel günstiger als soziale Reformen. Unter den kontrollierten Bedingungen eines Bordells konnten sie sicherstellen, daß die Frauen regelmäßig auf Geschlechtskrankheiten untersucht wurden, und sie profitierten finanziell, indem sie sie besteuerten.

Wie sie die *Ghawazi* behandelten, illustriert sehr anschaulich ihre koloniale Haltung. In jenen Tagen, als die Sklaverei auf beiden Seiten des Atlantiks noch in voller Blüte stand, wurden die Eingeborenen angesehen wie Fliegen, die man erschlagen konnte, wenn sie lästig waren.

Die *Ghawazi*, die weiterhin auf dem Marktplatz tanzten, um sich ihren Lebensunterhalt zu verdienen, wurden oft mit *almehs* verwechselt. Letztere waren Sängerinnen und weibliche Musikanten, die sich größerer Achtung erfreuten als die *Ghawazi*, weil sie in der Öffentlichkeit verschleiert blieben und keinen Umgang mit Männern pflegten. Während der Herrschaft von Harun al Raschid in Ägypten im neunten Jahrhundert, waren die Tänzerinnen den Sängerinnen zahlenmäßig so sehr überlegen, daß beschlossen wurde, einige von ihnen umfassender in der Kunst der Musik ausbilden zu lassen. Sie wurden als *alemeh* (von *alemah*, arabisch für »gelehrte Frau«) bekannt, und bis zum achtzehnten Jahrhundert wurden sie in der vornehmen Gesellschaft als hervorragende Rezitatorinnen von Lyrik empfangen. Doch etwa um die Mitte des neunzehnten Jahrhunderts gab es diese Unterscheidung zu den *Ghawazi* nicht mehr. Als die Franzosen zum ersten Mal nach Kairo kamen, verließen die *almehs* die Stadt; sie verachteten die Ausländer so sehr, daß sie sich absonderten und nicht für sie singen wollten. Erst als Napoleon sich aus Ägypten zurückzog, kamen sie in ihre alten, über die Stadt verteilten Schlupfwinkel zurück. *Almehs* wurden auch eingesetzt, um die Kunst des Liebemachens zu lehren, wobei sie natürlich Tanzbewegungen verwendeten. Am bekanntesten aber waren sie als Unterhalterinnen in den Harems adliger Familien. Die *Ghawazi* dagegen traten im Freien auf.

Außer bei besonderen Anlässen wie Eheschließungen oder Geburten wurde es als ungehörig betrachtet, *Ghawazi* im Hause zu haben. Sie traten stattdessen im Hof auf. Tanz war ein wesentlicher Bestandteil privater Feste, und die Frauen sahen einer Vorführung von den Fenstern des Harems aus zu und genossen sie ebenso wie die Männer. Doch, um eine altbekannte Geschichte zu erzählen, die *Ghawazi* hatten selten Zutritt zu respektablen Harems und wurden von der religiösen und gehobenen Schicht mit Mißfallen betrachtet.

Fremde Besucher hatten ihnen gegenüber eine ähnlich ambivalente Einstellung. Wenn sich die anfängliche Seltsamkeit der ihnen unvertrauten Kunst verloren hatte, reagierten die Reisenden mit Begeisterung. Dennoch wurde ihre Reaktion gezügelt durch moralische Überlegungen, die Zweifel an der gesellschaftlichen Schicklichkeit der Frauen in ihnen aufkommen ließen. Die folgende frühe Beschreibung wurde im August 1762 von Carsten Niebuhr verfaßt, der an einer dänischen Expedition in den Yemen teilnahm. Einer seiner Gefährten machte einen Kupferstich. Während die Gruppe in Kairo auf ein Schiff nach Jidda wartete, bezahlten sie einige Tanzmädchen, damit sie sie unterhielten.

Zu der Zeit des Jahres, wenn der Nil niedrig war, war es ein gewohnter Anblick, Gruppen von Musikantinnen und Tänzerinnen am Flußufer in der Nähe des europäischen Handelsquartiers auftreten zu sehen. Die Teilnehmer der dänischen Expedition waren alle unverheiratet, und deshalb war es den Frauen verboten, sie privat zu unterhalten. Stattdessen fand die Vorführung im Freien statt.

Zuerst schätzten wir diese Art von Unterhaltung nicht besonders, denn die Musik war recht dürftig und die Frauen, nach unserer Denkweise, schamlos. Sie entblößten sich vor

Tanz der Almeh, von Jean-Léon Gérôme, 1863.

*uns in jeder Weise, und wir fanden sie häßlich mit ihren gelbgefärbten Händen und blut-
roten Fingernägeln. Die schwarzen oder blauen Halsketten und die großen, schweren
Fußspangen, die Ringe in ihren Ohren und Nasen und der reichliche Gebrauch von Fett
in ihren Haaren, waren gar nicht nach unserem Geschmack. Nach und nach jedoch än-
derten wir unsere Meinung und fanden sie schön, so schön sogar, daß wir ebensoviel Gefallen an ihrem Auftritt fanden, als wenn wir die besten Sängerinnen und Tänzerinnen
in Europa gesehen hätten.*[18]

Niebuhrs Reaktion – anfängliche Geringschätzung, auf die echte Begeisterung
folgte – war typisch für die Reisenden, die damals den Orient besuchten. »Kriegerin-
nen gegen den Anstand« notierte Lane auf seiner Fahrt. Als er sie auf dem Boden vor
einer Moschee sitzen sah, wie sie vorübergehende Männer einluden, an ihrem Mahl
teilzunehmen, fügte er hinzu: »Die verwahrlosesten Kurtisanen in ganz Ägypten.«
Andere Betrachter teilten diese Ansicht nicht. Der amerikanische Reisende Charles
Leland war positiv beeindruckt von den *Ghawazi* und verglich ihre Kunst mit dem
Ballett.

Kairoer Ghawazi unterhalten Teilnehmer einer dänischen Expedition nach Ägypten im Jahre 1762.

Was die schwerwiegende Frage der Unzüchtigkeit ihrer öffentlichen Auftritte auch vor Männern, wenn gar keine Frauen anwesend waren, betrifft... so bin ich der Meinung, daß, verglichen mit dem europäischen Ballett, eines gerade so gut oder so schlecht ist wie das andere. Ein vernunftbegabter Mensch, der keines von beiden je gesehen und der einfache Nacktheit und den Versuch, durch schmachtende Posen das Beste daraus zu machen, für besonders verwerflich hält, würde, wenn er urteilen sollte, denken, daß das Ballett das unmoralischere von beiden wäre. Ein Mann, dem einfache Entblößung vertraut ist, wie ja allen Orientalen im täglichen Leben, würde vielleicht etwas gegen suggestive Gesten einzuwenden haben und folglich die ghaziehs verurteilen. Diejenigen, die das eine oder das andere gewöhnt sind, vergessen sehr bald fast gänzlich die reale oder vermeintliche Unanständigkeit und beschränken ihre Bewunderung auf das rein abstrakte Können, das dabei entfaltet wird... Das Glitzern der Gewänder, die Musik, die Fröhlichkeit des Tanzes ist alles, worauf sie achten. [19]

Leland war einer von vielen, die den Nahen Osten im neunzehnten Jahrhundert nur zum Vergnügen bereisten. Zu jener Zeit erwachte in vielen Europäern ein starkes Interesse an dem, was damals als Orient bekannt war. Diese ungenau definierte Region schloß Nordafrika, den Nahen Osten und Teile des Mittelmeerraumes ein; lauter Gegenden, die durch den gemeinsamen Glauben an den Islam verbunden waren. Viele dieser Länder wurden von den türkischen Ottomanen beherrscht. Auf seinem Höhepunkt erstreckte sich das ottomanische Reich von Wien bis zum Yemen und umfaßte große Teile Afrikas und Asiens.

Um 1800 jedoch war es im Verfall begriffen und bei den Großmächten als der kranke Mann Europas bekannt. In den ersten Jahrzehnten des neunzehnten Jahrhunderts erlangten mehrere Länder, darunter auch Ägypten und Griechenland, ihre Unabhängigkeit von der Türkei, wobei die Unabhängigkeit Griechenlands eine *cause célèbre* für Künstler und Schriftsteller der englischen Romantik wurde.

Mit Ausnahme von Napoleons gewagtem Unternehmen im Jahre 1798 waren es anfänglich vorwiegend Einzelpersonen, die Reisen in den Orient unternahmen; Forscher oder Wissenschaftler, politische Abenteurer oder Kaufleute, begierig auf die reichen Nebenverdienste, die, wie sie glaubten, in den unbekannten Wüstenländern auf sie warteten. Später engagierten sich auch europäische Regierungen, insbesondere die englische und die französische, im Orient, teils aus Handelsgründen, teils mit einer gezielt auf koloniale Expansion ausgerichteten Politik.

Es gab aber auch Leute, die die Orientreise aus weniger ambioniertem Anlaß unternahmen. Nachdem der Nahe Osten am westlichen Horizont aufgetaucht war, beschlossen abenteuerlustige Bürger, die Geld übrig hatten, den Gefahren einer Orientreise die Stirn zu bieten. In Europa hatte die Entwicklung der industriellen Revolution Verbesserungen der Transportmittel mit sich gebracht, für den Orient galt das nicht. Reisende mußten Geschmack daran finden, auf einem Kamel zu reiten, wenn sie die arabische Wüste erforschen wollten. Viele reisten in die Türkei oder nach Unterägypten, dessen Tempel und Pyramiden eine Quelle großen Interesses waren.

Der geheimnisumwobene Osten war, als er langsam bekannt wurde, auch für

Künstler eine große Verlockung. Der französische Maler Delacroix war ein früher Besucher, er reiste 1832 nach Marokko. Er war so beeindruckt von den Menschen, denen er begegnete, daß er, sie mit den Europäern vergleichend, schrieb:

Auf tausend Arten sind sie der Natur näher. Ihre Kleidung, die Form ihrer Schuhe. Und so hat Schönheit einen Teil in allem, was sie tun. Was uns in unseren Korsetts, unseren engen Schuhen, unseren lächerlichen, zwickenden Kleidern angeht, so sind wir bedauernswert.[20]

Später, um 1850 herum, als der Orientalismus seine Hochzeiten erlebte, folgten Delacroix seine Landsleute Gérôme – dessen Bilder von Tänzerinnen mit ihrem ernsten Realismus bemerkenswert sind – und Ingres, der uns mit seinen vielen Bildern über das Leben im Harem eine romantische Interpretation des Orients gegeben hat. Ingres' *Türkisches Bad* stellt ein Meer ebenmäßiger nackter Frauen dar, die auf Kissen ruhen und kunstvoll umeinander drapiert sind. Mitten in diesem hingebreiteten rosa Fleisch steht, im Hintergrund des Bildes, eine Frau und unterhält ihre Gefährtinnen. Sie tanzt auf den Ballen ihrer Füße, hält ein Paar hölzerne Klappern in den Händen, und obgleich sie im Schatten plaziert und im Vergleich zu den anderen klein von Gestalt ist, fesselt sie uns, belebt das Bild, das sonst nur eine weitere Darstellung ruhender Frauen wäre, die passiv ihre makellosen Reize zur Schau stellen.

Unter den Schriftstellern, die eine Orientreise machten, war der bemerkenswerteste Gustave Flaubert, dessen Reise nach Ägypten ungeheuren Einfluß auf sein Werk hatte und außerdem auch dauerhafte persönliche Bedeutung für ihn gehabt zu haben scheint.

Für Künstler hielt der Orient sein Versprechen auf sinnliche Wonnen im Übermaß. Maler kehrten nach Hause zurück und produzierten farbenprächtige Bilder, ihre lichtvollen Darstellungen der Wüste machten diese ungastliche Gegend unter denen bekannt, die nicht dort leben mußten. (Wie ein Scheich trocken bemerkte: »Kein Araber liebt die Wüste.«) Sie malten Frauen, die auf Diwane hingestreckt waren, in große Farbschwaden gehüllt, inmitten schwellender Satinkissen. Diese Bilder müssen in vielen Männern und Frauen Träume wachgerufen haben, als sie sie an den Wänden ihrer dunklen Wohnzimmer betrachteten. Für diese Leute war der Orient eine hitzige Mischung aus Düften, Pracht und grausamen Leidenschaften. Schriftsteller, die vor den gesellschaftlichen Zwängen ihrer Länder flohen, suchten Inspiration in dem ungeordneten Leben des Bazars und der Herausforderung, in der Wüste zu überleben. Der Orient sorgte auch für neue Modeströmungen in der Kleidung europäischer Frauen, die Turbane und weite Haremshosen trugen. Die Schriftstellerin George Sand reiste nicht in den Nahen Osten, dennoch trug sie türkische Hosen und rauchte eine Wasserpfeife. Inzwischen machten ihre Zeitgenossen ihre erste Bekanntschaft mit Haschisch.

Diejenigen, die die Reise nach Osten unternahmen, anstatt nur in ihren komfortablen Heimen davon zu träumen, fanden, daß die tanzenden Mädchen eine der größten Attraktionen des Orients seien. Wie Leland bemerkte, wollten die meisten Männer, die nach Ägypten fuhren, lieber die Tänzerinnen sehen als die Pyramiden oder

die Sphinx, und infolgedessen hielten Beschreibungen der *Ghawazi* ihren Einzug in
Briefe, Tagebücher und schöne Literatur. In einer seiner Kurzgeschichten schrieb
der französische Autor Gobineau über den hypnotisierenden Effekt der Tänze:

*... ganze Stunden verstreichen, und man kann sich nicht entschließen, aufzubrechen.
So vollzieht es sich mit der Verführung, welche die Darbietungen der Tänzerinnen
Asiens auf die Sinne ausüben. Da gibt es keine Abwechslung, da gibt es keine Belebung.
Nur selten wird eine jähe Bewegung verändert, doch von diesem rhythmischen Drehen
und Wenden strömt eine Benommenheit aus, der sich die Seele anpaßt und in der sie sich
wohlfühlt wie in einem Rausch, der sie in ein Dösen versenkt.*[21]

Andere drückten sich prosaischer aus. Leland reiste im späten neunzehnten Jahrhundert nach Ägypten. Er stellte seinem Bericht über den Tanz eine Verteidigung
seiner Schicklichkeit voran.

*Jeder, der gen Osten fährt, äußert seine oder ihre Meinung über die tanzenden und sin-
genden Mädchen, und ich werde die meine äußern... Der große Wunsch von Herren, die
nach Ägypten kommen, ist das tanzende Mädchen... Sogar die moralischen und from-
men, die ältesten und kältesten, können dieser Versuchung nicht widerstehen; so lassen
sie sich von ihrem Dragoman oder besser noch von einem anderen Herren mit anerkannt edlem Charakter versichern, daß die Vorführung wirklich nichts beinhaltet, was
ein Erröten verursachen könnte etc.. Noch besser ist es, wenn Mr. Edler Charakter ihnen
versichert, er fände sie eigentlich sehr dumm und die Ghawazi sehr häßlich. All das wird
dankbar angenommen, denn, gesteht man es sich ganz ein, so sind die Tänzerinnen noch
immer eine Unschicklichkeit, was einen Zauber ausmacht, der über Schönheit hinaus-
geht.*[22]

Später vertrat Leland die Ansicht, ihre Unschicklichkeit sei nicht größer als die
jedweder französischen Ballerina, insbesondere wenn sie bei privaten Festen aufträ-
ten. Doch wenn wir an den schlechten Ruf denken, den Schauspielerinnen und Tänzerinnen zu jener Zeit im Westen hatten, können wir dies nicht als eine sonderliche
Empfehlung auffassen.

Lane war beeindruckt genug von den *Ghawazi*, um zu bemerken: »Viele von ihnen sind überaus hübsch, und die meisten sehr gut angezogen. Insgesamt gesehen
halte ich sie für die schönsten Frauen in Ägypten.«[23] Wie wir gesehen haben, glaubte
er, ihre Kunst stamme direkt vom Tanz des alten Ägypten ab, doch vermutete er,
letzterer sei unzüchtiger gewesen. Er leitete diese Schlußfolgerung aus der Tatsache
ab, daß die in den Gräbern abgebildeten Tänzerinnen anscheinend nackt oder in
durchsichtigen Gewändern auftraten.

Es wurden Mumien von zwei jungen ägyptischen Tänzerinnen aus der elften Dynastie gefunden, die an Armen, Beinen, Füßen und auf dem unteren Bauch tätowiert
waren. Eine Linie läuft ganz über den unteren Bauch und rund um die Hüften und
endet in einem blattförmigen Brandmal auf jeder Gesäßhälfte. Diese kunstvolle Tä-
towierung von Sklaven ist ein Hinweis darauf, daß ihre Körper dazu bestimmt waren, enthüllt zu werden, und man kann vermuten, daß eine solche Dekoration des
Bauches dessen Bedeutung beim Tanz nahelegt.

Außer Grabmalereien gibt es viele Darstellungen von Tänzerinnen der antiken Welt, bei denen Brüste und Bäuche unter durchsichtigen Gewändern deutlich sichtbar sind.

Im neunzehnten Jahrhundert war ein englischer Arzt, der in Teheran eine kranke Frau untersuchte, schockiert, als man ihm ihren nackten Körper zeigte. In England wurden zur damaligen Zeit sogar gynäkologische Untersuchungen vorgenommen, indem man unter den Volants der vielen Unterröcke der Frauen herumtastete. Im Nahen Osten jedoch wurde es für eine Frau oft für wichtiger gehalten, ihr Gesicht zu bedecken als jeden anderen Teil ihres Körpers, wie Gleyre in seinem Gemälde *Egyptian Modesty* festhält. Es zeigt eine Frau beim Bade, die ihr Gesicht bedeckt, als ein arabischer Reiter vorbeikommt. Der Rest ihres Körpers ist vollkommen nackt. Flaubert bemerkte in einem Brief nach Hause, daß man bei der Reise von einem Land ins andere den Eindruck gewinne, der Anstand wechsle seinen Platz wie ein gelangweilter Reisender, der ständig aus der Postkutsche aus- und dann wieder einsteigt.[24] Gérôme berichtete von einem jüdischen Fest, das von einem Bankier in Damaskus gegeben wurde, bei welchem die Frauen mit deutlich unter durchsichtigen Schleiern unverhüllten Brüsten auf Sofas lagen. Vielleicht trugen sie auch die roten »Brustwarzen-Kappen«, die der englische Maler James Augustus St. John als einen Bestandteil der Kleidung der Frauen beschreibt. Ganz im Gegensatz dazu waren die Tänzerinnen häufig reich gekleidet. Traditionell trug eine Tänzerin einen *shintiyan*, d.h. in der Taille gebundene Haremshosen in leuchtenden Farben, über die sie einen *yelek* streifte. Das war eine lange, kaftanartige Bluse mit engem Leibchen und langen Ärmeln, von der Brust bis zu den Hüften geknöpft oder auch oben offengelassen. Als andere Variante wurde zuweilen eine kürzere Form des *yelek*, der *anterée*, getragen. Um die Hüfte trug sie einen Schal oder eine gestickte Schärpe, locker gebunden mit hinten herunterhängenden Enden. Ihr Kopf schließlich war von einem juwelenbesetzten Turban gekrönt und ihr Haar war in Hunderte von winzigen Zöpfen geflochten, die mit schwarzen Seidenkordeln umwunden und mit Schmuck durchwoben waren. Besucher bemerkten die silbernen Kugeln, die an die Enden dieser Zöpfe gebunden waren, oder die glitzernden Münzen, die das Haar einer Tänzerin bedeckten. Mehrere von ihnen schrieben über die Unmengen Schmuck, den die *Ghawazi* trugen. Sogar die Ärmsten schmückten sich mit Münzen und Goldketten, und manche trugen riesige Ringe in der Nase. In der Türkei trugen Tänzerinnen außer ihrem Schmuck zuweilen eine Stola, die sie zum Zeichen ihrer sexuellen Neigungen schwenkten: sie waren lesbisch oder *zürefa*, was wörtlich »anmutig« bedeutete. Es war nicht üblich, daß Tänzerinnen spärlich bekleidet oder barbusig auftraten. Trotzdem bemerkte ein Reisender, ihre Kleider seien so eng, daß man die Umrisse ihres Körpers genau erkennen könne und ihre Bewegungen seien lasziv genug, um einen Stein zu erweichen.

Eine der berühmtesten Tänzerinnen in den Jahren um 1800 war eine Frau, die un-

Reichgekleidete türkische Çengi oder Zigeunerin, die im Harem vortanzt.

ter dem Namen Sakina bekannt war und stets einen Leibwächter bei sich hatte. Sakina wurde nicht im gängigen Sinne für attraktiv gehalten, und Beschreibungen von
ihr vermerken ihre kleinen Brüste und den Mangel an wohlgeformten Hüften, doch
scheint dies ihrer Beliebtheit keinen Abbruch getan zu haben. Es wird berichtet,
daß, nachdem sie geheiratet hatte, ihr Mann sie zu den Vorstellungen begleitete, sich
hinter einem Vorhang verbarg, während sie tanzte, und das Publikum mit seinen lo-
benden Schreien anfeuerte. Sakina besaß einen *tarbusch* (eine Art roten Pill-box-Hut,
der damals in Ägypten als Kopfbedeckung besonders beliebt war), der mit Diamanten im Wert von 200.000 Franken verziert war. Er war sehr gefragt bei reichen Familien, die ihn für die Hochzeit ihrer Töchter auszuleihen pflegten, und dieser *Tarbusch* scheint ebenso legendär gewesen zu sein wie die Tänzerin selbst. Sakina trat
mit großem Erfolg bis zum Alter von fünfzig Jahren auf, und die Zuschauer waren
so hingerissen von ihrem Tanz, daß sie ihre Hüte zu Boden warfen und erklärten,
niemand könne sich mit ihr messen.

Deutsche und französische Reisende schrieben ausführlich über den Nahen Osten
im achtzehnten und neunzehnten Jahrhundert. Gelegentlich weigerten sie sich, den
Tanz zu beschreiben, weil sie behaupteten, es sei unmöglich, in ihrer Sprache einen
guten Bericht darüber zu verfassen. Dennoch beschrieb Leland die *Ghawazi* sehr
gut:

*Sie scheinen alle die Fähigkeit zu haben, jeden Teil ihres Körpers frei zu bewegen, gera-
deso wie Menschen mit den Ohren wackeln können; und es ist wunderbar, wie sie Stunden um Stunden jeden Muskel heftigst und rasend schnell bewegen und von Kopf bis Fuß
wie elektrifiziert zucken, ohne im mindesten ermüdet zu sein und, was unglaublich ist,
ohne zu schwitzen... Am Anfang jeden Tanzes bewegen sich die Ghawazi einfach nach
der Musik und schwingen ihren Körper weich hin und her. Dann werden Wellenbewegungen gemacht, die den Körper von Kopf bis Fuß durchlaufen, und über diese Wellen
gleiten mit unglaublicher Geschwindigkeit Schauer und Kräuselwellen, wie beim Anblick einer großen Welle im Wind, die aussieht wie ein kleineres Meer, das von tausend
winzigen Wellen durchfurcht ist.*[25]

Leland mußte nach Oberägypten fahren, um Tänzerinnen zu sehen, denn sie waren 1834 aus Kairo verbannt worden. Die Stadt erlebte damals eine rasche Moderni-
sierung, bei der viele Gebäude abgerissen wurden. Im ganzen Land hatte der damalige Statthalter von Ägypten, Muhammad Ali, einen Modernisierungsprozeß eingelei-
tet, um die ökonomische Rückständigkeit zu beseitigen. Mit europäischer Hilfe begann er, Fabriken zu bauen und Abwehrstreitkräfte aufzustellen; anschließend
wandte er sich kulturellen Angelegenheiten zu. Er beschloß, daß der berühmt-
berüchtigte Bauchtanz der Würde eines gerade sich am Westen orientierenden Ägypten nicht zuträglich sei. Als Repräsentanten einer Volkskunst waren die *Ghawazi*
eine Quelle der Peinlichkeit und wurden in drei Städte am Nil verbannt: Isna, Asuan
und Qena. (Allerdings sagt dies wenig über seine moralische Aufrichtigkeit, denn Isna war ihm selbst der liebste Zufluchtsort am Fluß.) Die Strafe für Übertretungen
des Gesetzes betrug bei einem ersten Verstoß fünfzig Peitschenhiebe und bei weite-

Zeichnung aus dem neunzehnten Jahrhundert: Ägyptische Tänzerin in charakteristischer Haltung, eine Hüfte vorgereckt.

ren Übertretungen Zwangsarbeit für ein Jahr oder länger. Die *Ghawazi* blieben bis 1854 geächtet und kehrten erst dann nach Kairo zurück.

Zu der Zeit, als Leland schrieb, war es bei reichen Ägyptern noch immer Mode, für private Feste Tänzerinnen zu engagieren. Denn obgleich in den Straßen von Kairo keine für Passanten auftretenden Tänzerinnen mehr anzutreffen waren, konnte man sie doch nach wie vor ausfindig machen. Zum Unglück für Muhammad Alis Untergebene, bedeutete das Verschwinden der *Ghawazi* den Wegfall von Staatseinnahmen, denn Lane zufolge hatten die Frauen zehn Prozent aller in der Stadt erhobenen Steuern gezahlt. Ihre Verbannung nach Oberägypten war einer der Gründe für eine anschließende Steuererhöhung.

Eine andere Folge des Auszugs der Tänzerinnen aus der Stadt war, daß junge Männer an ihre Stelle traten, und es wird behauptet, ihre Vorstellungen seien noch anzüglicher gewesen als die der Frauen. Viele der tanzenden Jungen in Ägypten kamen ursprünglich aus Konstantinopel. Im Jahre 1805 gab es etwa sechshundert von ihnen in den Tavernen der türkischen Hauptstadt, und sie waren so beliebt, daß ihr Erscheinen oft Aufruhr verursachte. Das Publikum begann dann, mit Gläsern zu werfen und über die Verdienste der verschiedenen Jungen aneinander zu geraten. Im Jahre 1837 schließlich, machten sie den Janitscharen soviel Ärger, daß sie von Sultan Mahmud mit Acht und Bann belegt wurden. Daraufhin flohen sie nach Kairo, wo sie in Abwesenheit der *Ghawazi* sehr beliebt wurden.

Es wird berichtet, daß die Türken den Tanzberuf als etwas Degradierendes betrachteten, daher waren die meisten der jungen Tänzer Griechen, Armenier oder Juden. Sie ahmten absichtlich die Bewegungen der Frauen nach und zogen sogar Frauenkleider an, schmückten ihr langes Haar mit Juwelen und trugen seidene oder Pelzkappen auf dem Kopf. Da sie geschickte Akrobaten und Mimen waren, fügten sie dem Tanz der *Çengi* (türkische Entsprechung der *Ghawazi*) ihre eigenen Varianten hinzu. Sie skandierten den Rhythmus, indem sie mit den Fingern schnalzten, Holzklappern schlugen oder Metallglöckchen schüttelten, die an ihre Hüftschärpen genäht waren. In einem Bericht aus dem Jahre 1893 bemerkte Dr. John Covel:

Sie nahmen alle erdenklichen schelmischen und lasziven Posen mit jener seltsamen Naivität einer stummen Zote ein; aus Protest, glaube ich, kamen ihnen Sardanopalus und all die anderen verweichlichten Höfe des Ostens niemals nahe... (Der Tanz) besteht hauptsächlich in schlangenartigem Wiegen des Körpers (einer entsetzlich wollüstigen Geste, und spricht so beredt von östlicher Niedertracht wie wortlose Zeichen es können). [26]

Wie in Ägypten gab es auch in der Türkei keine besonderen, Tanzvorführungen vorbehaltenen Gebäude, und so fanden sie auf öffentlichen Plätzen oder in den Höfen von Gasthäusern statt. Vom ausgehenden achtzehnten Jahrhundert an zeigten die tanzenden Jungen ihr Können in Weinstuben und Kaffeehäusern; sie sangen mit rauhen Stimmen und begleiteten ihre Lieder mit Tänzen zum Thema Haremsleben, die häufige, possenhafte Nachahmungen des sexuellen Akts einschlossen. Viele der tanzenden Jungen führten einen komischen Bauchtanz auf, für den sie sich ein Gesicht auf den Bauch malten und die Muskeln so bewegten, daß das Gesicht abwechselnd finster dreinsah oder lächelte. Die Jungen müssen beträchtliche Kraft gehabt haben, denn abgesehen von ihren akrobatischen Übungen waren sie darauf trainiert, herumzuwirbeln, ohne schwindlig zu werden, wobei sie in sich schnell drehenden Körben von der Decke hingen.

Noch heute kann man in Dörfern in der Türkei, Marokko und anderen orientalischen Ländern tanzende Jungen sehen. Sie parodieren weiterhin, was vorwiegend ein weiblicher Tanzstil war und noch immer ist. Oft tragen sie Frauenkleider, um die Ähnlichkeit zu betonen, außerdem dick gepolsterte Gürtel, um ihren Hüften eine frauliche Rundung zu geben. Aber professioneller Tanz ist in Nordafrika, dem

Türkische Miniatur aus dem achtzehnten Jahrhundert: Possenspieler und Tänzer, die den Tanz der Frauen nachahmen.

Nahen Osten und Asien im wesentlichen immer eine Kunst der Frauen gewesen; jetzt sind die Bewegungen so allgemeiner Bestandteil des Tanzes dieser Gegenden geworden, daß sie natürlich von beiden Geschlechtern ausgeführt werden. Die heutigen jungen Tänzer werden allerdings kaum noch mit Frauen verwechselt, wie es in der Vergangenheit oft der Fall war.

Der Franzose Gerard de Nerval (er ist unter anderem berühmt, weil er sich einen Hummer als Haustier hielt und ihn an der Leine spazieren führte) beschreibt seinen ersten flüchtigen Eindruck von dem, was er für die Kairoer *Ghawazi* hielt:

... diese Awâlim, die vor uns in einer Wolke von Staub und Tabaksqualm erschienen, sie überraschten auch von Anbeginn durch die aufblitzenden Goldkäppchen auf ihrem geflochtenen Haar. Beim harten Aufschlag ihrer Absätze, bei der Erschütterung, die die hoch erhobenen Arme weitergaben, klangen Glöckchen und Ringe auf, die Hüften erzitterten unter wollüstigen Bewegungen, die Taille trat in ganzer Nacktheit unter dem Musselinbesatz hervor, zwischen Mieder und lockerem, sehr tief herabfallendem, reichgeschmücktem Gürtel, dem Gürtel der Venus gleich. Die schnellen Wirbel ließen kaum die Gesichtszüge dieser verführerischen Geschöpfe erkennen, sie bewegten in den Fingern kleine Metallklappern von der Größe der Kastagnetten, die bravourös gegen das einfache Konzert von Flöte und Tamburin angingen. Zwei der Awâlim waren sehr schön, ihr Gesicht zeigte Stolz, ihre arabischen Augen wurden von Kohol hervorgehoben, auf ihre runden, zarten Wangen war Schminke aufgetragen, doch die dritte, das muß gesagt werden, verriet mit einem Bart von acht Tagen weniger die Art des schönen Geschlechts. Und als ich mir die Sache genau besah, was nach dem Tanz, als die Züge der beiden anderen deutlicher erschienen, möglich war, da mußte ich sehr bald zu dem Schluß kommen: die Awâlim, die uns vortanzten, waren ... Männer.[27]

Nervals tanzende Jungen waren eine boshafte Erinnerung an die Paradoxie des Lebens im Nahen Osten.

O orientalisches Leben, das sind deine Überraschungen! Ich hätte für diese zweifelhaften Wesen fast voreilig Feuer gefangen...

Im Ernst, die ägyptische Moral ist etwas sehr Eigentümliches. Noch vor wenigen Jahren konnten sich Tänzerinnen frei in der Stadt bewegen, sie trugen zur Belebung öffentlicher Feste bei und brachten eitel Freude in die Klubs und Kaffeehäuser. Heute dürfen sie nur ... hinter geschlossenen Türen auftreten, denn die peinlich gewissenhaften Leute finden es viel angemessener, daß Männer als Frauen verkleidet tanzen, deren langes Haar, Arme, Taille und entblößten Hals aber nur kläglich die halbverschleierten Reize von Tänzerinnen vortäuschen können.[28]

Es gab viele solcher Erzählungen von Reisenden, die von den unvertrauten Gebräuchen des orientalischen Lebens verwirrt waren. Mit westlichen Augen gesehen waren die Leute oft gar nicht das, was sie zu sein schienen, oder sie benahmen sich in einer Art, die absolut nicht mit ihrem Alter oder Status übereinstimmte.

Im Winter des Jahres 1850 ging der amerikanische Journalist G.W. Curtis eines Abends zu Kutschuk Hanem, sicherlich der gefeiertsten aller Tänzerinnen. Im Raum bemerkte er eine ältere Frau, die er verschiedentlich als »alte Hekate«, als »ein völlig verschrumpeltes Rosenblatt« und »eine verblichene Ghazeeyah« beschrieb. Der Abend verlief denkwürdig für Curtis, der rauchte und trank, während Kutschuk Hanem ihn mit ihrem Tanz begeisterte. Als wäre all dies nicht genug für eine Nacht, sprang die runzlige alte Frau in der Ecke plötzlich auf die Füße, lockerte ihren Gürtel und ergriff ein Paar Fingerzimbeln.

Mit dem reinen Stolz der Kraft bewegte (sie) sich auf dem Boden vorwärts und tanzte unglaublich. Vorher zusammengekauert wie eine hinfällige, alte Weide, die nur ihre fallenden Blätter im Sturm schüttelt, schüttelte sie nun all ihre Fasern mit der vitalen Kraft einer emporschießenden Ulme und bewegte sich mit einer an Wunder grenzenden Beherrschung ihres Körpers im Raum auf und ab.[29]

Für Curtis unterstrich dieser Anblick die im orientalischen Leben verhafteten Widersprüche: der Anblick einer alten Frau, die so herrlich im Haus der berühmtesten ägyptischen *Ghawazi* tanzt. Diese Art von Ereignissen ließ dann die Vorstellung vom orientalischen Leben als etwas ständig Bizarrem entstehen und inspirierte die Geschichten, die die Reisenden noch ihr Leben lang in der nüchternen Umgebung zu Hause erzählten; Geschichten von einem durch und durch phantastischen Leben; reicher und vitaler als alles Erdachte.

Eine Vorführung im Harem.

FÜNFTES KAPITEL

Frauen im Harem

Für ausländische Beobachter war der Harem einer der faszinierendsten Aspekte des muslimischen Lebens. Wann genau die Frauen im Nahen Osten in den Harem verbannt wurden, darüber kann man nur spekulieren. Vielleicht gab es den Harem als Institution schon in vor-islamischen Zeiten. Es ist auch möglich, daß er als Resultat der Niederlassung in Städten entstand, als Schutzeinrichtung für Frauen. Zeugnisse aus der Lyrik legen nahe, daß Harems seit der Zeit des ersten Kalifats üblich waren, das auf den Tod von Muhammad im Jahre 632 nach Christus folgte. Wie auch immer es gewesen sein mag, im Harem entfaltete sich der Bauchtanz zu voller Blüte und erlangte die Mystik aller verborgenen Dinge.

Manchen westlichen Reisenden gelang es, in den berühmtesten aller Harems einzudringen, den des Topkapi-Palastes, der Sitz der türkischen Sultane war. Die Geschichten, die sie mit heimbrachten, festigten die Vorstellung, ein solcher Ort sei eine Brutstätte von verschwenderischem Luxus und Korruption. Doch nicht jeder Harem war ein Sultanspalast, wo Odalisken den ganzen Tag in den Bädern lagen und sich gegenseitig mit Duftwasser übergossen. Der Harem war einfach der Bereich der Frauen, wo Kinder großgezogen und alle Haushaltsaufgaben organisiert wurden. Noch heute gibt es diese singuläre Institution in manchen muslimischen Ländern. Alle Frauen der Familie lebten dort zusammen, von Müttern und Großmüttern bis zu den Ehefrauen; das mag all jene überraschen, die sich diesen geheimsten aller Orte als eine Art Vorzimmer vorstellen, in dem die Frau frisch parfümiert und manikürt darauf wartete, zu einer abendlichen Tändelei vor das Angesicht ihres Mannes gerufen zu werden.

Das Wort Harem ist das arabische Wort für »reserviert« oder »verboten« und kommt von dem Sanskritwort *h'rim*, was soviel wie »Eintritt verboten« bedeutet. Es hat einen Beiklang von heilig und geschützt, und das türkische Wort dafür – *harem-lik* – bedeutet genau das: heilige Stätte.

Der Harem ist auch ein Ort der Unterhaltung. Es gibt Darstellungen von Harems-tänzen auf muslimischen Gemälden aus dem siebzehnten und achtzehnten Jahrhun-dert aus Indien, einem Land, wo Adelige sich Gruppen von Tänzerinnen als Teil ih-res Hofstaates hielten. Es wird berichtet, daß sie zuweilen einem Würdenträger, der zu Besuch kam, gestatteten, von diesen Frauen unterhalten zu werden; eine unglück-liche Geste, falls der Gast raubgieriger Laune war, denn in einem solchen Fall konn-te es geschehen, daß er die ganze Gesellschaft entführte, wenn er ging. Gewisse afri-kanische Königinnen hielten sich reine Männerharems; eine Tradition, deren Zerr-bild heute in Nordafrika zu sehen ist, wo Touristen »authentische« Haremstänze ge-boten werden, die von als Mädchen verkleideten jungen Knaben vorgeführt werden.

In der zweiten Hälfte des neunzehnten Jahrhunderts lebte der amerikanische Jour-nalist W.B. Seabrook eine Zeitlang bei den syrischen Beduinen und hinterließ uns in seinen Memoiren einen aufschlußreichen Einblick in das Leben im Harem. Er be-richtet, daß ein Ehemann ein striktes Protokoll einhalten mußte, um in die Frauen-wohnung vorgelassen zu werden. Wenn er seine Frau besuchen wollte, tat der Mann seine Absicht im voraus kund. Falls er jedoch auf dem Weg zum Harem ein Paar Pantoffeln vor der Türe fand, mußte er wieder umkehren, denn die Pantoffeln zeig-ten an, daß Besuch gekommen war.

Im Gegensatz zur allgemeinen Ansicht waren die meisten Moslems tatsächlich monogam. Unter dem Gesetz des Islams ist es einem Mann gestattet, vier Frauen zu nehmen unter der Bedingung, daß sie mit gleichem Komfort untergebracht werden und daß er etwa gleich viel Zeit mit jeder verbringt. Doch wo Wünsche und Vorlie-ben des Menschen eine so wichtige Rolle spielen, ist diese zweite Bedingung gewiß oft ignoriert worden. Die Unmöglichkeit, einen Mann zu zwingen, seine Zeit glei-chermaßen unter mehrere Frauen aufzuteilen, war vermutlich für eine Frau einer der negativsten Aspekte des polygamen Lebens. Außerdem konnten sich auch nur wenige Männer vier Frauen leisten, und sogar wenn sie es konnten, wurden sie manchmal dazu gebracht, sich auf eine zu beschränken. Unter dem reformistischen islamischen *Hanbali*-Gesetz konnte die Tochter einer wohlhabenden Familie es zu einer Bedingung für die Heirat machen, daß ihr zukünftiger Ehemann keine weitere Frau nehmen dürfe; diese Bedingung wurde in den Ehekontrakt mit aufgenommen.

Bei den Beduinen hatte ein Mann gewöhnlich mehrere Frauen, und Seabrook be-richtet, daß die Beduinenfrauen diese Form aus praktischen Gründen vorzogen. Er-stens wollte eine Frau ihren Harem nicht nur mit Dienstboten teilen. Außerdem wurde es als unwürdig angesehen, daß einer Frau allein die ganze Verantwortung für den Haushalt aufgebürdet werden sollte. War ein Scheich wohlhabend, hatte seine Frau oft beträchtliche Pflichten zu erfüllen, denn Gäste waren immer willkommen. Darüber hinaus hing die Stärke eines Stammes von der verfügbaren Arbeitskraft ab,

Türkische Çengi, die hölzerne Klappern schlägt, um den Rhythmus ihres Tanzes zu skandieren.

was bedeutete, daß ständig Kinder geboren wurden, und manch eine Frau zog es vor, die Aufgabe der Aufzucht zahlreicher Kinder mit anderen Frauen zu teilen. Sie drängte ihren Mann zuweilen sogar, eine neue Frau zu nehmen, weil sie dann eine Gefährtin im Harem hatte.

Eine Beduinenfrau genoß größere Freiheit als eine, die in einer seßhaften Dorfgemeinschaft lebte. Sie ging mit unverschleiertem Gesicht umher, und wenn sie von hoher Herkunft war, konnte sie sich manchmal ihren Mann frei wählen. Tanzen war ihr liebster Zeitvertreib, und wenn ein junges, unverheiratetes Mädchen einem Mann gewogen war und seine nähere Bekanntschaft machen wollte, traf sie ihn privat hinter den zugezogenen Vorhängen des Harems und tanzte für ihn. Ihre Vorstellung glich vermutlich dem überaus erotischen Bauchtanz, den man noch heute in ländlichen Gegenden des Nahen Ostens sehen kann.

Doch voll zur Geltung kam die erotische Natur des Tanzes in der luxuriösen Umgebung eines Sultanharems. A.Gallant berichtet, daß das Tanzen im Harem äußerst lasziv war und manche der Frauen dabei die Rolle von Männern einnahmen. E.M.Penzer zufolge war es »überhaupt nicht sittsam, und wir können uns vorstellen, daß der *danse du ventre* bei der Unterhaltung eine große Rolle spielte.«[30]

Penzer schrieb speziell über den Topkapi-Harem, wo es nicht verwundert, daß die Darbietungen voller sexueller Anspielungen waren. Tanzen war schließlich eine der erotischen Künste, die die vorwiegende *raison d'être* der Frauen darstellten. Die Konkubinen eines Sultans waren sehr gebildet; manche waren Malerinnen und Dichterinnen, und viele Lieder, die später in Konstantinopel populär wurden, waren von den Bewohnerinnen des Topkapi verfaßt worden. Tänzerinnen wurden im Harem ausgebildet, und zuweilen wurden auch, zum Entzücken der Konkubinen des Sultans, öffentlich auftretende Gruppen hereingebracht, die Neuigkeiten aus der Außenwelt mitbrachten. Waren männliche Musiker darunter, wurden diesen bei solchen Gelegenheiten zuvor sorgfältig die Augen verbunden. Es gibt eine reizvolle Geschichte darüber, daß zur Zeit Selims III., der von 1789 bis 1809 regierte, ein französischer Lehrer mit seinen Musikern in den Harem eingelassen wurde, um die Frauen die höfischen Tänze Europas zu lehren. Wahrscheinlich trug der Lehrer selbst keine Augenbinde. Falls er aber eine trug, war das gewiß erheiternd für die Frauen, die vergeblich versuchten, den komplizierten Schritten eines Tanzes zu folgen, der sich so sehr von dem ihren unterschied. Es wird jedenfalls erzählt, daß sie von schwarzen Eunuchen zu ihrer Tanzstunde begleitet wurden, was darauf schließen läßt, daß die Vorschrift der Augenbinde hier einmal gelockert wurde.

Es war nicht unüblich, daß Konkubinen ihr Leben hinter den eisern verriegelten Türen des Serails (oder Harems) verbrachten, ohne daß der Sultan je von ihnen Notiz nahm. Sich selbst überlassen, folgten sie der Tradition und tanzten füreinander, und in diesem Zusammenhang hatte ihr Tanz zweifellos sexuelle Bedeutung, denn viele der Frauen hatten untereinander Liebesbeziehungen. Dies wird von dem umstrittenen viktorianischen Gelehrten Sir Richard Burton bezeugt, der das Vertrauen der Frau eines Eunuchen gewann.

Er vermerkt anzüglich, daß Talglichte und ähnliche Hilfsmittel in vielen Harems ergebnislos verboten seien und daß Bananen, falls man solche entdeckte, in vier Teile geschnitten würden, um sie unbrauchbar zu machen.[31]

Eine ähnliche Anekdote findet sich in den Memoiren von Ottaviano Bon, der Anfang des siebzehnten Jahrhunderts venetianischer Gesandter in Konstantinopel war. Er berichtet genüßlich, daß Gurken, wenn eine Konkubine des Sultans nach solchen verlangte, schon geschnitten hereingeschickt wurden, damit sie als sexuelles »Futter« nicht mehr brauchbar wären.

Die Versuche der Männer, die weibliche Sexualität zu kontrollieren, waren vielfältig.

Tanzen war innerhalb des Haremsystems eine der wenigen Gelegenheiten sexuellen Ausdrucks für die Frauen, und sie schöpften sie aus bis hin zur szenischen Imitation von Sexualakten, bei denen einige die Männerrolle übernahmen. So erlebte der Bauchtanz erneut eine Metamorphose. Als der Tanz zur religiösen Zeremonie gehörte, hatten die Frauen selbst die Männer vom Zuschauen ausgeschlossen; im Harem wurde der Tanz zu einer Kunst, die Frauen weitgehend in der Abgeschiedenheit für ihr eigenes Geschlecht praktizierten: erst jetzt war die Absonderung aufgezwungen. Bis heute findet der nicht-kommerzielle Bauchtanz im Nahen Osten vorwiegend in ähnlicher Zurückgezogenheit nur unter Frauen statt.

Im Serail (von dem italienischen Wort serraglio, das »Käfig für wilde Tiere« bedeutet) konnte eine Konkubine in den Rang einer Sultana erhoben werden, doch war diese Möglichkeit so strikten Gesetzen unterworfen, daß es selten vorkam. Es war den türkischen Sultanen verboten, sich offizielle Ehefrauen zu nehmen, falls gewisse Familien zu großen Einfluß über sie erlangten. Die Sultanas waren ursprünglich Sklavinnen, so daß jeder Sultan der Sohn einer Sklavin war. Da im ottomanischen Reich alle Frauen als »frei« betrachtet wurden, mußten die Konkubinen aus nicht-islamischen Ländern herbeigeholt werden; deshalb waren die einzigen Frauen, die diese Bedingungen der Sklaverei erfüllten, entweder Tschirkassinnen, Malaiinnen oder Abessinierinnen.

Trotz der strengen Einschränkungen des Haremlebens, waren manche Frauen froh, im verschwenderischen Luxus eines Harems wie zum Beispiel dem des Topkapi eingesperrt zu sein. Sie betrachteten den Ort als eine Gelegenheit, wenn sie nur des Sultans Gunst erringen konnten; denn zumindest wurden hier erotische Intrigen gesponnen. Die Eunuchen schmuggelten verschiedenartigste Aphrodisiaka und Stimulantien herein. Es ist auch möglich, daß diese Männer heimliche Affairen mit den Frauen unterhielten, denn wenn ihre Kastration nur im Verlust der Hoden bestand, konnten sie sehr wohl weiterhin Geschlechtsverkehr haben. Burton bemerkt, daß in weniger erlesenen Harems Eunuchen oft den gewöhnlichen Männern vorgezogen wurden. Zum einen konnten sie länger Liebe machen, zum anderen machten sie keine Abtreibung nötig. (Die berühmten *Erzählungen aus den Tausendundein Nächten* sind durch die verbotene Affaire eines erfundenen Eunuchen inspiriert worden.)

Viel ist über die Ungerechtigkeit des Haremsystems geschrieben worden. Auf dem

Marktplatz als Sklavin gekauft und hinter verschlossenen Türen gehalten zu werden, ist kein besseres Dasein als das eines gefangenen Tieres im Käfig, wie luxuriös der Käfig auch sein mag. Sogar in weniger illustren Harems als dem Topkapi, in denen es möglich war, in Begleitung einer Sklavin oder eines schwarzen Eunuchen auszugehen, waren die Frustrationen eines so eingegrenzten Lebens zahlreich. Aber für manche Frauen war der Harem wirklich eine heilige Stätte, die Rettung vor Armut, harter Arbeit und Hunger. Auch war es nicht ganz unmöglich, die schwerbewachte Stadt-in-der-Stadt des Topkapi zu verlassen. Manchen Konkubinen gelang es, in die Außenwelt zurückzukehren und zu heiraten. Eine davon, als die Schmutzige Sultana bekannt, war die Favoritin von Sultan Obrahim in den Jahren um 1640. Sie erhielt diesen Namen, nachdem sie den Topkapi-Palast verlassen und einen Pascha geheiratet hatte. Die Schmutzige Sultana kaufte auf dem Marktplatz junge Frauen, unterrichtete sie in den Künsten der Liebe und vermietete sie danach an hochgestellte Herren zur Abendunterhaltung. Diesen Frauen konnte es auch nicht schlechter ergehen als den Konkubinen des Sultans, die, wenn sie sich ungebührlich verhielten, in beschwerte Säcke eingenäht und in den Bosporus geworfen werden konnten.

Wenn ein Sultan starb, mußten seine Konkubinen den Topkapi-Palast verlassen und verbrachten den Rest ihres Lebens in einer der entfernteren königlichen Residenzen; sie waren nicht mehr von »Nutzen« und dazu verurteilt, ihre verbleibenden Jahre an einem trostlosen Ort ohne die Annehmlichkeiten zu verbringen, die das Leben in einem königlichen Harem lebenswert gemacht hatten. In einer solchen Lage war Tanzen eine der wenigen Vergnügungen, die ihnen blieben.

Im Jahre 1909 wurde der letzte türkische Sultan, Abdul Hamid III., gestürzt; der Topkapi-Harem wurde aufgelöst und seine Frauen, Sklavinnen und anderen Bediensteten flohen zu Tausenden. Die Jungen Türken, eine Gruppe von Reformern, hatten dem ottomanischen Reich den Todesstoß versetzt. Dann ließen sie bekanntmachen, daß jeder, dem weibliche Familienangehörige entführt worden waren, auf Kosten der neuen Regierung nach Konstantinopel reisen und alle vermißten Verwandten abholen könne, die er identifizierte. Man kann sich den ungewöhnlichen Akt dieses seltsamen Schauspiels ausmalen: die Frauen auf der einen Seite eines großen Raumes versammelt, der Kommissionär der Jungen Türken an der Spitze, und Dorfbewohner und Stammesangehörige auf der anderen. Die grobe Kleidung dieser Männer muß sich kurios ausgenommen haben neben den feinen Gewändern ihrer entführten Schwestern und Töchter. Als die Frauen zum ersten Mal in der Öffentlichkeit ihren Schleier abnahmen, wurden manche erkannt und weggeführt. Viele fanden ihre Familien nicht wieder und verschwanden einfach. Vielleicht schlugen sich manche in andere Länder durch und benutzten die Unterhaltungskünste, die das Leben im Harem sie gelehrt hatte, um ihren Lebensunterhalt zu verdienen.

Im Harem wurde Bauchtanz damals zu einer Kunst, die von Frauen für Frauen vorgeführt wurde. Bis heute tanzen die Frauen im Nahen Osten weiterhin in ihren Häusern füreinander. Schon als Kinder lernen sie tanzen und treten oft ihr ganzes Leben lang auf.

Eine gewisse Mystik rankt sich rund um die Tradition des privaten Bauchtanzes unter muslimischen Frauen. Ausländischen Besuchern passiert es, daß sie von jemandem, den sie kaum kennen, zu einer Hochzeit oder gar zu einer privaten Frauenzusammenkunft eingeladen werden. Gastfreundschaft ist ein zentraler Grundsatz des Islam, und der strenge Moslem, der westliche Besucher in seinem Hause als Gäste willkommen heißt, geht manchmal sogar so weit, das Prinzip der Geschlechtertrennung zu ihrer Unterhaltung zu lockern. Das Ergebnis ist ironischerweise, daß ein westlicher Besucher, im Gegensatz zu einem muslimischen Gast, Zutritt zu den Frauenräumen erhalten kann, um dem Tanzen zuzusehen. Wenn die Einladung von den Frauen selbst ausgeht, dann deshalb, weil sie ihn einmal richtig betrachten wollen!

In den siebziger Jahren lebte der englische Musiker Rikki Stein mehrere Jahre lang in Marokko bei den Musikern von Jajouka. Er erzählte mir, daß er einmal beim Verlassen eines Hauses schwache Klänge von Musik und Singen aus einem oberen Stockwerk vernahm. Er drehte sich zu seinem Begleiter um und fragte, ob er hinaufgehen könne, aber der Mann schüttelte den Kopf. Da schlüpfte ein Kind aus dem oberen Raum und bedeutete eifrig, daß der »Ausländer« heraufkommen solle. Sehr zum Ärger seines Begleiters (der Marokkaner und daher nicht eingeladen war) entschuldigte er sich und ging nach oben. Tanzend betrat er den Raum, womit er sofort die Zuneigung der Frauen gewann. Er genoß ihre Gastfreundschaft, trank Tee und sah dem Tanz zu, bis er, auf ein Signal hin, verabschiedet wurde. Eine der Frauen schlug ein letztes Mal auf die Trommel, um anzuzeigen, daß das Fest – zumindest für ihn – vorbei sei, und nachdem er allen die Hand geschüttelt hatte, schloß er sich seinem neidisch unten wartenden Begleiter wieder an.

Die meisten nahöstlichen Frauen können Bauchtanz. Es bedarf keines formalen Unterrichts, denn die Mädchen wachsen damit auf, sehen den Tanz jedes Mal, wenn Frauen zu geselligen Anlässen zusammenkommen, und lernen die Bewegungen ganz selbstverständlich. Im Gegensatz zum europäischen Volkstanz – der heute zu einem mehr oder weniger pittoresken Relikt geworden ist und weitgehend als Touristenspektakel wiederbelebt wurde – ist der Bauchtanz eine lebendige Volkskunst. Bei Hochzeiten tanzen die Frauen getrennt von den Männern in einem anderen Raum, wobei die jungen Mädchen vorführen, was sie schon können. Die Mütter sitzen währenddessen an der Seite und reichen Erfrischungen. Viele Geschichten werden über diese älteren Frauen erzählt, die trotz ihres beträchtlichen Gewichts so anmutig tanzen, daß ihre Füße kaum den Boden zu berühren scheinen.

In streng muslimischen Ländern ist Bauchtanz heute nicht oft zu sehen, außer in Hotels für westliche Touristen. Im modernen Saudi-Arabien verbringen die Frauen in den Harems reicher Familien wahrscheinlich genausoviel Zeit mit dem Anschauen von Videobändern wie mit gegenseitigem Vortanzen.

Ende der siebziger Jahre war Rosemarie Buschow bei der königlichen Familie Saudi-Arabiens als Kindermädchen beschäftigt. In der Geschichte ihres Lebens im königlichen Harem – *Der Prinz und ich* – ist eine Existenz beschrieben, deren Märchenhaftigkeit an das Dasein im Serail eines Sultans heranreicht. Das Leben der Prinzessinnen verläuft in Reichtum und Leere, Geld spielt keine Rolle und einzig wichtig ist ihre Fähigkeit, männliche Erben hervorzubringen. Für einen Friseurbesuch legen die Frauen ihre Diamanten an und kleiden sich, als gingen sie auf einen Ball, in glitzernde Abendkleider, die sie auf Europareisen erworben haben. Dieses Leben in erzwungenem Nichtstun unterscheidet sich kaum von dem der Konkubinen des Sultans, und es kann bis heute tragische Folgen haben, nach einem erfüllteren Leben zu streben und dem Haremssystem entfliehen zu wollen. Prinzessin Mishaal bezahlte dafür mit ihrem Leben.

In Rosemarie Buschows Buch wird Prinzessin Mishaal selten, und stets im Zusammenhang mit ihrer Schönheit und Lebensfreude, erwähnt. Im Grunde genommen erfährt man nur, daß sie viel lachte und eine ausgezeichnete Tänzerin war.

In einer eindrucksvollen Schilderung eines Bauchtanzes von Mishaal anläßlich einer Geburtstagsfeier im Harem fügt die Autorin hinzu, ihr Tanz sei zwar sinnlich gewesen, doch man dürfe ihn sich nicht vulgär vorstellen. (Daß sogar sie das Bedürfnis verspürt, zu rechtfertigen, was spontaner Ausdruck von Freude durch das Mittel des Tanzes war, zeigt, welch schlechten Ruf der Bauchtanz heute im Westen genießt.)

Dann kehrten wir in den Salon zurück, wo wieder musiziert und getanzt wurde. Die Frauen tanzten miteinander – temperamentvoller, als ich es auf europäischen Tanzparketten erlebt hatte. Und dann verstummten sie plötzlich alle, klatschten nur leise im Rhythmus der Musik und blickten zur Mitte des Raumes, wo Mishaal allein tanzte. Ihre Augen waren halb geschlossen. Sie lächelte nur für sich selbst und schien ihr aufmerksames Publikum gar nicht zu bemerken. Ihre Bewegungen waren sinnlich, aber gleichzeitig von so klassischer Reinheit, daß man sich gezwungen sah, sie nicht nur mit liebevollem Staunen, sondern auch mit kalter, kritischer Abschätzung zu betrachten. Mishaal war eine hochbegabte Tänzerin, und ihre Körpersprache war kultivierter als alles, was ich je aus ihrem Mund gehört hatte. Wenn sie tanzte, war sie... die bedeutende Interpretin einer alten, einsamen Zivilisation, die allen Anfeindungen zum Trotz überlebt hatte.[32]

Prinzessin Mishaals Ehe war gescheitert, und ihr Mann war nach Amerika gegangen, nachdem er mehrfach ihre Bitte um Scheidung abgelehnt hatte. Die Katastrophe begann, als sie einem jungen Mann begegnete und sich in ihn verliebte. 1977 versuchten Prinzessin Mishaal und ihr Geliebter aus dem Lande zu fliehen. Beide wurden gefaßt und hingerichtet. Mit diesem Vorfall war Rosemarie Buschows Beschäftigung bei der königlichen Familie von Saudi-Arabien zu Ende.

Andere ausländische Beobachter berichten, heimliche Liebesaffairen seien im Leben saudi-arabischer Frauen nicht ungewöhnlich; und der Zwiespalt, in dem sich diese Frauen befinden, wird noch vertieft durch das im Kontakt mit anderen Kulturen erworbene Wissen um die Möglichkeit, ein erfüllteres Leben zu führen. Harems im eigentlichen Sinne gibt es heute nur noch in den strengsten der muslimischen Länder: in Saudi-Arabien, in den Golfstaaten und im Jemen. Aber derselbe Geist prägt noch das System der Geschlechtertrennung, das in der muslimischen Welt praktiziert wird, ein System, mit dem man die Erfahrung der Frauen in vieler Hinsicht genauso effektiv kontrollieren kann.

Inzwischen ist der Topkapi-Palast eine Touristenattraktion geworden. Im Sommer warten Menschenschlangen geduldig darauf, durch seine Gemächer mit ihren wundervollen, blaugekachelten Wänden und durch die friedliche Umgebung geführt zu werden. Die Höfe sind sonnenwarm, doch wenn wir nach oben sehen, wird uns bewußt, daß kein Weg über die weißen Mauern führt. Wir befinden uns in einem luxuriösen Gefängnis, dessen einziger Ausgang, ein schweres Tor, durch einen riesigen ornamentengeschmückten Riegel gesichert ist. Am Ende des Rundgangs fällt dieses Tor hinter uns ins Schloß mit einem Echo, das im ganzen Palast widerhallt.

SECHSTES KAPITEL

Eine orientalische Braut

Die muslimischen Hochzeitsbräuche sind jahrhundertelang unverändert geblieben. In der muslimischen Welt ist die Einflußsphäre der Frauen das Haus, wo sie unumschränkt als Ehefrauen und Mütter herrschen; und in solch einer Gesellschaft, wo Sexualität vor der Ehe für die große Mehrheit noch nicht einmal ein Diskussionsthema ist, ist die Bedeutung der Eheschließungszeremonie enorm. Ihre Wichtigkeit spiegelt sich in ihrer Dauer. Auch bei den Armen dauern die Feierlichkeiten mindestens drei Tage, und bei denen, die es sich leisten können, eine Woche oder länger. Es werden keine Ausgaben gescheut; mehrere Tage muß für Unterhaltung und Essen gesorgt werden, und dann sind noch die Kosten für die Mitgift der Frau zu tragen. Die Mitgift besteht unter anderem aus Kleidern und Mengen von Silberschmuck. Silber ist ein Symbol für Reinheit, der Schmuck selbst sichtbares Zeichen für den Reichtum einer Familie. Abgesehen von der dekorativen Funktion, wird er traditionell wegen seiner schützenden Kräfte getragen, die die Braut vor feindlichen Mächten bewahren sollen.

Im alten Ägypten hatte jeder Halbedelstein einen Bereich, den er schützte. Kornel stellte das Blut dar, Türkis bezog sich auf die Vegetation und Lapislazuli bedeutete Wasser. Der verbreitetste Talisman im gesamten Nahen Osten war – und ist – jedoch die Hand der Fatima, die als Schutz vor dem Bösen Blick in einem silbernen Amulettbehälter getragen wird oder in Form blauer Glasperlen zu finden ist.

Von einer Braut nimmt man an, daß sie besonders anfällig sei für übernatürliche Einflüsse, und sie wird während des Übergangs von der Kindheit zum Frausein als verletzlich angesehen. Der Brauch, ihre Hände, Füße und Haare mit Henna zu behandeln, diente ursprünglich zweierlei, sie zu reinigen und böse Einflüsse von ihr fernzuhalten. Es ist zweifelhaft, ob das abergläubische Element noch im Denken der

Leute präsent ist, doch ist der Brauch bis heute, wahrscheinlich mehr wegen seines kosmetischen Wertes, weit verbreitet.

Die Blätter der getrockneten Hennapflanze werden im Mörser zu einem feinen grünen Pulver zerstoßen. Dieses Pulver wird mit Wasser zu einem dicken Brei vermischt und auf die Haare der Braut aufgetragen. Dann läßt man sie bedeckt trocknen, der erdige braune Schlamm wird ausgewaschen, und die Haare haben nun eine kupferne Färbung. Anschließend wird der Braut mit einem fein zugespitzten Holzstab Henna auf Hände und Füße gemalt. Diesmal wird es mit einer Mischung aus Knoblauch, Zwiebel, schwarzem Pfeffer und Zitronensaft angemacht. Wenn es abgeschält wird, bleibt eine hauchzarte blaßrote Zeichnung auf der Haut zurück. Das Henna wird von den Freundinnen und weiblichen Familienangehörigen aufgetragen und hinterher tanzen alle Frauen zusammen. Die Männer sind von der Zeremonie ausgeschlossen, und die Geschlechtertrennung wird während der gesamten Feierlichkeiten beibehalten.

Die Frauen tanzen miteinander in einem Raum, während die Männer in einem anderen Raum von gemieteten Musikern und Tänzerinnen unterhalten werden. Ich war einmal bei einer marokkanischen Hochzeit und war, abgesehen von den gemieteten Tänzerinnen, die einzige Frau im Raum. Doch als ich zufällig zum Balkon hinaufschaute, sah ich die glitzernden Kleider der Frauen aufblitzen, während sie durch das hölzerne Gitterwerk still zu uns hinabspähten.

Bei einem marokkanischen Hochzeitszug wird die Braut auf Kissen umhergetragen, still und reglos wie eine bemalte Puppe. Ihre Reglosigkeit wird noch durch die Tatsache betont, daß alle sonst sich gut amüsieren, singen und tanzen und die Trommeln schlagen, während sie an ihr vorbeiziehen. Sie, kunstvoll bemalt und prächtig herausgeputzt, bleibt so starr wie eine Reliquie.

Auf einer türkischen Hochzeit bemerkte ich bei der Braut dieselbe Art von Unterwerfung. Es war ein strahlender Sommernachmittag, und die Männer tanzten unter den Bäumen miteinander. In einiger Entfernung waren die Frauen auf einem Erdhügel versammelt und betrachteten ernst, wie sie sich vergnügten. Die Braut rührte sich nicht unter ihrem reichen Schmuck. Wie ein großes Stück Konfekt stand sie ruhig in der Ecke, und einmal begegnete ich ihren Augen. Ich war getroffen von der Bewegungslosigkeit und Angst in dem stummen Blick, den sie mir zuwarf. Für sie stand an jenem Tag sehr viel auf dem Spiel.

Denn für eine muslimische Frau kann eine gescheiterte Ehe die Katastrophe bedeuten. Die Anwendung der Scheidungsgesetze ist in der islamischen Welt von Land zu Land verschieden, aber im allgemeinen ist es für einen Mann leicht, sich scheiden zu lassen; in manchen Ländern muß er nur dreimal hintereinander wiederholen »Ich scheide mich von dir«, um die Ehe zu beenden. Hat sich ein Mann scheiden lassen, muß die Frau mit der Wiederheirat mehrere Monate warten, bis feststeht, daß sie nicht schwanger ist. Während dieser Zeit hat sie vielleicht keinerlei finanzielle Unterstützung und in Anbetracht dessen, daß die Frauen nicht dazu erzogen sind, sich ihren Lebensunterhalt zu verdienen, kaum ein Auskommen. In dieser Situation kommen manche Frauen auf die Fertigkeit zurück, mit der sie aufgewachsen sind: sie werden Tänzerinnen. Sie treten einer Gruppe bei und beginnen öffentlich aufzutreten; es ist eine Ironie, daß die Unterhalterinnen, die wir auf einer Hochzeit sehen, vielleicht nur deshalb da sind, weil ihre eigene Ehe gescheitert ist.

Wenige Frauen versuchen, einer unglücklichen Ehe zu entkommen, indem sie sich von sich aus um Scheidung bemühen. Denn eine Frau, die jemandem gehört, kann nicht sagen »Ich gehöre nicht länger zu deinem Eigentum«, während ihr Besitzer leicht sagen kann »Ich wähle, dich nicht länger zu besitzen«. In den strengsten muslimischen Ländern fügt sich eine unglücklich verheiratete Frau gewöhnlich in ihr Schicksal und bleibt bei ihrem Mann. Eine Frau, die den kühnen Schritt wagt, eine Scheidung zu verlangen, kehrt zu ihren Eltern zurück, und die versuchen, einen anderen Mann für sie zu finden. Ist sie jung und attraktiv oder kommt sie aus einer angesehenen Familie, mögen sie Erfolg haben. Ist sie aber arm, hat sie kaum Aussichten, eine neue Ehe einzugehen. Das sind die Frauen, die dann Tänzerinnen werden, sie laufen ihren Familien davon (denen sie nun eine Last sind) und beginnen in den Städten eine Karriere als Tänzerin oder – wenn das mißlingt – als Prostituierte.

Armen Ohanian, in den 20er Jahren eine gefeierte armenische Tänzerin, die bei ihrer Heirat zum muslimischen Glauben übertrat, schrieb zwei Bände mit Erinnerungen, und einer davon enthält einen Bericht über ihren Hochzeitstag. Ihre Familie wählte den Ehemann für sie – was in vielen islamischen Ländern bis heute Brauch ist – und sie verbrachte ihre Zeit damit, von dem Glück der Hochzeitsnacht zu träumen. Schließlich war der Tag gekommen. »Die Zeremonie dauerte lange. Die Gratulationen waren eintönig und langweilig. Ich wurde nur eine Stunde lang besucht. Ich wartete, als wäre es für immer. Diese Hochzeitsnacht – endlich sollte ich sie erleben.« Am nächsten Tage: »Die ehrwürdigen alten Frauen kamen im Morgengrauen, um sich meiner Jungfräulichkeit zu versichern... sie hielten die Laken über meinem Kopf hoch wie eine glorreiche Fahne. Die älteste, ein gebücktes, zahnloses altes Weib, beglückwünschte mich, und ich mußte ihre verschwitzte Hand küssen.«[33] Armen wandte sich angeekelt ab. Niemals verzieh sie die Zur-Schau-Stellung der blutbefleckten Laken, denn, so sagte sie, es wäre besser gewesen, die Laken zu waschen, als sie vor aller Augen auszubreiten.

Zu ihrem Bedauern hielt ihre Ehe nicht lange, und in ihrer Verzweiflung versuchte sie, sich zu töten. Schließlich entkam sie ihren Verpflichtungen und wurde freigegeben, um ihr eigenes Leben aufzubauen. Doch wie sollte eine solche Frau überleben? Geschieden, durch ihren Selbstmordversuch entehrt, von ihrer Familie verstoßen; wie viele vor ihr und nach ihr wurde sie Tänzerin. Wenige orientalische Tänzerinnen haben ihre Erfahrungen mit solcher Klugheit und Freimütigkeit aufgeschrieben wie Armen Ohanian. Die meisten Lebensbeschreibungen von Tänzerinnen wurden von Männern verfaßt, die oft nur auf die Mystik nahöstlicher Frauen und die für sie sichtbare Fremdheit ihres kraftvollen Tanzens eingingen.

Armen Ohanians Bericht einer Hochzeit ist ganz anders als der von Gerard de Nerval, der das Fest im wesentlichen als farbenfrohes Schauspiel erlebte. Er beschreibt eine ägyptische Braut als antike Göttin des Nils, die sich an diesem Tag ihrer strahlenden Pracht und Herrlichkeit erfreut; eine Schönheit, deren Geheimnisse ihrem glücklichen Gatten bald enthüllt werden. Beiläufig fügt er noch die praktische Bemerkung hinzu, daß, sollte der Mann von seiner Frau enttäuscht sein, dies ja nicht weiter gravierend sei; er könne stets noch eine andere nehmen.

Wie seine Zeitgenossen war auch Nerval von den orientalischen Frauen fasziniert. In Ägypten waren ihre Gesichter weitgehend hinter den *Yashmaks* verborgen, doch es schien ihm, als drückten ihre schwarzumränderten Augen eine immerwährende Verheißung aus. Er widmete ihnen einen so großen Teil seiner Reiseerinnerungen, *Voyage en Orient*, daß sein englischer Übersetzer ihnen einfühlsam den Titel *The Women of Cairo* gab.[*] Deutlich kommt in seinen Schriften die Enttäuschung heraus, als sich herausstellte, daß einige der mysteriösen Geschöpfe, die vor ihm tanzten, Jungen waren. Hastig steckte er das Geld wieder ein, das er unter ihnen hatte verteilen wollen.

... ich war bereit gewesen, ihnen ein paar Goldstücke an die Stirn zu heften, wie es die unverfälschte Tradition der Levante will... Man soll nicht glauben, ich sei verschwenderisch; ich muß sogleich hinzufügen, daß jene Goldstücke, Ghâsi genannt, einen Wert zwischen fünfzig Centimes und fünf Francs haben. Natürlich macht man nur aus den kleinsten den Gesichtsschmuck der Tänzerinnen, die nach einem anmutigen Schritt die feuchte Stirn vor jedem Zuschauer neigen. Aber bei einfachen, als Frauen verkleideten Tänzern kann man auf diese feierliche Handlung verzichten, man wirft ihnen einige Paras zu.[34]

Im Ägypten der vierten Dynastie (etwa 2680 - 2560 vor Christus) wurden die Tänzerinnen mit goldenen Halsketten beschenkt. Zu Nervals Zeiten, als der Brauch des Trinkgeldgebens als *nukoot* bekannt war, lehnten sich die Tänzerinnen nach hinten zurück, um das Geld in Empfang zu nehmen. Die Männer befeuchteten Goldstücke mit der Zunge und drückten sie ihnen auf Stirn, Wangen, Kinn und sogar auf die Lippen. Es ist noch immer der Brauch, einer Bauchtänzerin während ihres Auftritts Geld zu geben, ob im informellen Rahmen einer Hochzeit oder in einem offiziellen Nachtklub, und soweit ich weiß gibt es sonst keine Tänzerinnen, die ihr Geld auf diese Weise erhalten, d.h. direkt von ihrem Publikum.

Für manche Frauen sicherte das Trinkgeld die Aussteuer. Im klassischen Griechenland band sich eine Frau aus einer armen Familie eine Schärpe um die Hüften und tanzte auf dem Marktplatz für ihre Mitgift. Zuschauer warfen ihr kleine Goldmünzen zu, die sie dann als Schmuck in ihr Leibchen und ihren Hüftgürtel einnähte, da sie sonst keinen sicheren Ort für die Aufbewahrung hatte. Andere kauften Armbänder mit dem Geld oder Fuß- und Halsketten, und wenn sie über den Boden glitten, verliehen die klingelnden Münzen ihrer Vorstellung noch zusätzlichen Charme. Heute wird das Trinkgeld in Form von Banknoten gegeben, aber noch immer besteht der Brauch, sich Schmuck dafür zu kaufen, und die heutigen Bauchtänzerinnen

---

[*] Der deutsche Übersetzer schloß sich diesem Titel an. (A.d.Ü.)

tragen weiterhin mengenweise Gold und Silber an ihren Kostümen, ebenso wie den Münzengürtel und das Leibchen der Tänzerinnen, die für ihre Aussteuer tanzten.

Die berühmtesten Aussteuer-Tänzerinnen, die es noch gibt und deren Schmuck legendär ist, sind die Ouled Nail, ein Stamm von Tänzerinnen-Prostituierten, die in der Steinwüste der algerischen Sahara leben. Man findet sie in Siedlungen zwischen Laghouat und Biskra, in Städten mit so suggestiven Namen wie Bou Saâda, was »Ort des Glücks« bedeutet. Von frühester Kindheit an werden sie als Tänzerinnen ausgebildet, und im Alter von ungefähr zwölf Jahren verlassen sie ihr Zuhause und machen sich auf den Weg zu den Oasen, um ein neues Leben zu beginnen unter der Obhut einer älteren Frau, die als Haushälterin fungiert. Die Ouled Nail reisen von Oase zu Oase, tun sich mit Männern von Nomadenstämmen zusammen und treten in Ca-

Ouled Nail-Frauen, Algerien 1914.

fés auf. Nach mehreren Jahren kehren sie mit Reichtum beladen nach Hause zurück. Ihr Beruf ist für sie kein Grund zur Scham und versorgt sie mit so einer ansehnlichen Mitgift, daß sie leicht einen Mann finden. Die Ehe bedeutet im allgemeinen das Ende ihrer öffentlichen Auftritte, aber sie setzen die Tradition fort, indem sie ihre Töchter das Tanzen lehren.

Der Anthropologe Fernando Enriques schrieb 1961, er vermute, daß die Bräuche der Ouled Nail vielleicht mit vorislamischen Fruchtbarkeitsriten (oder mit Göttinnenverehrung) und dem Brauch der sakralen Prostitution zusammenhängen. In diesem Kontext soll an die zyprischen Mädchen erinnert werden, die sexuelle Beziehungen zu Fremden hatten und das Geld, das sie erhielten, auf den Altar der Aphrodite legten, wo es blieb, bis es für ihre Mitgift benötigt wurde. Heute haben viele Ouled Nail-Frauen das Tanzen für ihren Lebensunterhalt zugunsten der Fabrikarbeit aufgegeben, doch manche von ihnen folgen noch den alten Traditionen, und man kann sie noch immer tanzen sehen in den kleinen Städten, in denen sie heute leben. Es ist beeindruckend, sie anzusehen, mit ihren hennagefärbten und tätowierten Gesichtern, schweren, federgeschmückten Diademen und Turbanen und schmucküberladenen Kostümen. Der amerikanische Tänzer Ted Shawn sah sie in den 20er Jahren in Bou Saâda und bemerkte, ihr Schmuck bedecke sie wie ein Kettenpanzer. Er fügte hinzu:

Um diese Reichtümer vor habsüchtigen »befreundeten Herren« zu schützen, trugen sie riesige Armreifen mit Stiften und Dornen, die ein bis zwei Inch lang abstanden - wirklich mörderisch aussehende Gegenstände... Ich war so angetan von der Armreifkollektion an der ersten Ouled, daß ich darauf bestand, sie allesamt direkt von ihren Armen weg zu kaufen... und dabei wahrscheinlich fünfmal so viel bezahlte, als wenn ich auf dem Bazaar ein wenig geschickt darum gehandelt hätte.[35]

Wie viele Tänzerinnen aus diesem Teil der Welt treten die Ouled Nail unverschleiert auf, mit starren, ausdruckslosen Gesichtern. Nach Ted Shawns Beschreibung zu urteilen, hat sich ihr Aussehen seit der Mitte des neunzehnten Jahrhunderts kaum verändert. Damals trugen sie mehrere hemdartige Kleider übereinander, deren Ärmel an den Handgelenken zusammengefaßt waren oder weit und glockenförmig herabhingen. Darüber kam ein *haik*, ein etwa 1,40 auf 1,80 Meter langes Tuch, das je nach Jahreszeit aus Wolle oder Baumwolle war. Der *haik* wurde unter einem Arm durchgeführt und auf der gegenüberliegenden Schulter mit einer *bezima*, d.h. mit einer Sicherheitsnadel, befestigt. Diese war manchmal mit Silberketten mit großen Schmuckplaketten oder Schmuckstücken auf der Brust verbunden. Der *haik* wurde in der Taille von einem feingewirkten Gürtel zusammengehalten und über den Kopf drapiert. Als Alternative trugen die Frauen zwei verschieden gemusterte Schals, einen vorne, einen hinten, die an den Schultern und in der Taille befestigt waren. Der Turban einer Ouled Nail bestand aus mit Gold- und Silbermünzen benähten Stoffstreifen, und sie trug ihn zusammen mit einem *zeriref*, einem mit Straußenfedern gekrönten Diadem. In anderen Fällen trug sie einen Kopfputz aus Silber- oder Goldplatten, die von schweren Ketten voller Anhänger zusammengehalten wurden. Den

Die Ouled Nail wie George Clairin sie 1895 darstellte.

letzten Schliff bildete das Kettenhemd aus Schmuck, der teilweise mit Koralle, Türkis und farbigem Email besetzt war, wie z.B. das Diadem. In der Vergangenheit waren die Ohrringe der Frauen oft so groß, daß sie an Stoffstreifen gehängt werden
mußten, die wie Bänder auf dem Kopf verknüpft wurden.

Alles an den Ouled Nail war extravagant. Ted Shawn bemerkte, daß die *bezima*,
die den *haik* hält, die Größe einer Pfannkuchenschaufel hatte. Er fand ihre Kostüme
schäbig, sagt aber: »Obwohl diese Kleider oft zerrissen, schmutzig und schlecht ausgegangen sind, ist eine solche Menge an Schmuck, Flitter und sonstigem Zierat da,
daß ein Eindruck barbarischer Pracht entsteht.«[36] Mit ihren Juwelen, ihrem Henna
und den zahlreichen Kleidern sieht die Ouled Nail aus, als sei sie ständig für die
Hochzeit geschmückt, die ihrer öffentlichen Karriere ein Ende setzen wird.

Clairins Portrait der Ouled Nail aus dem Jahre 1895 ist kaum veraltet, obgleich die
heutigen Tänzerinnen ihre Kleider meist aus Kunstfasern machen und nicht mehr
aus Baumwolle oder Spitze wie früher. Die verschiedenen Muster, die kräftigen Farben und die zahlreichen übereinandergetragenen Hemdkleider sind noch immer zu
sehen, wie die amerikanische Bauchtänzerin Aisha Ali berichtet, nachdem sie die
Ouled Nail um 1970 besucht hat. Sie sagt, daß die Frauen so außer Fassung gerieten,
als sie sie mit nur einem einzigen Kleid bekleidet sahen, daß sie darauf bestanden,
daß sie noch ein paar von den ihren darüberzöge!

Die schweren Kleider sind den Frauen nicht hinderlich beim Tanzen, weil sie den
Rumpf nur wenig gebrauchen und hauptsächlich schleppenden Schrittes hin und her
tanzen, während sie komplizierte flatternde Handbewegungen machen. Aber sie
sind auch für ihren Bauchtanz bekannt. Früher tanzten sie Bauchtanz nackt, damit
man die fast unmerklichen Rumpfbewegungen sehen konnte. 1962 sah Dr. Wilfried
Hoffmann eine seltene Vorstellung dieser Art spät in der Nacht in einem Café im
Ouled Nail-Viertel. Er fand die Nacktheit für die Natur des Tanzes wesentlich und
sagt, daß nackt zu tanzen in Algerien eine jahrhundertealte Tradition habe, obwohl
viele Jahre lang nicht mehr davon berichtet wurde. In manchen Ländern des Nahen
Ostens, unter anderem in Ägypten, ist es inzwischen offiziell verboten, doch werden
noch Geschichten über Tänzerinnen aus dem südlichen Marokko erzählt, die ihren
Körper zu besonderen Anlässen mit schweren Ölen salben und wie tanzende Schlangen über den Boden gleiten, während ihre Kleidungsstücke eines nach dem anderen
von ihren Schultern fallen. Bei einem Vergleich des Bauchtanzes der Ouled Nail und
der ägyptischen Version erklärt Dr. Hoffmann, daß ersterer übertriebener und hefti-
ger sei.

Der Bauchtanz der Frauen begann mit ihren schrillen Schreien, die dem Kriegsgeheul
der Indianer in Amerika erstaunlich ähnlich waren... Anders als die ägyptischen orienta-
lischen Bauchtänzerinnen, die sich auf sanfte, wellenförmige Schlangenbewegungen der
Bauchmuskeln spezialisieren, brüsten sich die Ouled Nail damit, daß sie fähig sind, ihren
Bauch heftig und im Gleichklang mit der Musik pulsieren zu lassen.[37]

Die Tänzerinnen betonten diesen Effekt, indem sie ihren Gürtel beim Tanzen ganz
hinunterschoben. Außerdem bewegten sie sich ziemlich viel über den Boden und

konnten ihren Kopf meisterhaft auf den Schultern von einer Seite zur anderen gleiten lassen. Flaubert, der eine der ägyptischen *Ghawazi* die gleiche Bewegung machen
sah, fand es entsetzlich. Er hatte das Gefühl, als werde ihr Kopf gleich von den Schultern abgetrennt, ein Anblick, der einen Franzosen zu sehr an die Guillotine erinnert,
als daß er ihn genießen könnte.

Ted Shawn fand den Bauchtanz der Ouled Nail für seinen Geschmack ein wenig
zu ordinär.

Jede Brust wird mit ihren eigenen Muskeln in entgegengesetzte Richtungen bewegt, die
eine auf-, die andere abwärts, während gleichzeitig der ganze Bauch in kreisenden Mus
kelbewegungen erbebt; die großen Muskeln der Arme, die seitlich vom Körper abgehalten
werden, schwingen vor und zurück, die Beinmuskeln werden zusammengezogen und
entspannt, alles streng im Rhythmus der schluchzenden und ohrenbetäubenden Musik.
Es ist kein »suggestiver« Tanz, aus dem einfachen Grund, daß er nichts der Phantasie
überläßt, und wegen dieser schamlosen Animalität stößt er den durchschnittlichen wei
ßen Touristen so ab, daß er unfähig wird, die phänomenale Meisterschaft zu bewundern,
mit der diese Frauen Teile des Körpers beherrschen, über die wir keinerlei willkürliche
Kontrolle haben.[38]

Andere »durchschnittliche weiße Touristen« waren von den Ouled Nail fasziniert,
fanden ihr Äußeres jedoch bizarr: ihr Haar, mit Wolle durchflochten und reichlich
mit Öl geglättet, bevor es über die Ohren geschlungen wird; die blauen Tätowierungen auf ihren Gesichtern und Händen (solche Tätowierungen waren in ganz Nordafrika und im Nahen Osten weitverbreitet, um die Stammeszugehörigkeit einer Person anzuzeigen), ihre nachgezogenen Augenbrauen, die fast über der Nasenwurzel
zusammenstießen, und die Bühnenschminke, das Rouge und die großzügige Verwendung von Henna.

»Es läßt einen denken, man sei bei einer Ausstellung von Mumien oder Relikten«,
bemerkt der französische Anthropologe A.Bertherand angeekelt.[39]

Doch Clairins Gemälde hat nichts von Mumien oder Relikten an sich. Hochaufgerichtet und stolz vor sonnendurchtränkten Mauern, sehen die Frauen aus wie Amazonen oder Heldinnen einer großen Tragödie. Vielleicht sind sie ein wenig beides.

SIEBTES KAPITEL

Tausendundein Traum

Der Traum von der orientalischen Tänzerin hat viele Formen angenommen. Mit ihren wollüstig schwingenden Hüften und dem schlangengleichen Körper versinnbildlicht sie die Macht der weiblichen Sexualität, die ihre Kraft und Stärke ist. Es ist nicht verwunderlich, daß sie sich als Quelle so vieler Träumereien erwies und daß ihr Tanz mehr Phantasien hervorrief als jeder andere.

Am beliebtesten ist die tanzende Versucherin, die es wie eine Droge in diversen Dosierungen gibt, von lebensseigernd bis fatal. In seinem Buch *Adventures In Arabia* z.B. beschreibt W.B.Seabrook den sorgfältig durchdachten Initiationsprozeß, den ein männlicher Novize durchlaufen muß, der der islamischen Drusensekte beitreten möchte. Der Novize unterzieht sich feierlicher Abstinenz, was einschließt, daß er fastet, während andere essen und trinken, und tagelang ohne Wasser durch die Wüste reitet. Doch der größten Versuchung wird er zuletzt ausgesetzt: er wird in einen separaten Raum geführt, wo er eine nackte Tschirkassin oder Beduinentänzerin auf einem Diwan liegend vorfindet. Gelingt es ihm, ihren verführerischen Lockungen zu widerstehen, wird er in die Glaubensgemeinschaft aufgenommen. Erliegt er ihr, verliert er damit die Möglichkeit, ein »Verständiger« zu werden, der in die innersten Geheimnisse eingeweiht wird.

Zugleich mit einer destruktiven Libido weist die tanzende Versucherin gelegentlich auch einen scharfen Verstand und die Wendigkeit von zehn Männer auf, wie Schehrezâd mit ihrer blühenden und trickreichen Phantasie. In den *Erzählungen aus den Tausendundein Nächten* steht, ihr Tanz sei ebenso fesselnd gewesen wie ihr Geschichtenerzählen. Sie tanzt und »wiegt sich von Seite zu Seite mit koketten Bewegungen, und in der Tat brachte sie alle um Herz und Verstand und bezauberte sie mit ihren Blicken, (während) sie ihre Seiten schüttelte und ihre Lenden schwang«.[40]

Schehrezâd war eine unternehmungslustige Frau. Tausendundeine Nacht hindurch betörte sie ihren Mann, König Schehrijâr, mit Geschichten von Prinzessinnen und Taschendieben und Dämonen in Flaschen, so daß sie als einzige von all seinen Frauen dem Tod durch Enthaupten entging. König Schehrijâd war eines Tages unerwartet heimgekehrt und hatte seine erste Frau mit einem schwarzen Eunuchen im Bett vorgefunden; da hatte er geschworen, daß keine Frau in seinem Leben ihn je wieder betrügen sollte. So nahm er jede Nacht ein neues Weib, und des Morgens befahl er, sie hinzurichten. Schehrezâd gelang es, im Gegensatz zu ihren weniger glücklichen Vorgängerinnen, diesem Schicksal zu entgehen. Jede Nacht vertrieb sie Stunde um Stunde, indem sie dem König eine Geschichte erzählte, und sie achtete sorgsam darauf, an einem so spannenden Punkt abzubrechen, daß der König ihr Leben schonte, um in der nächsten Nacht den Ausgang der Geschichte zu hören.

Die *Erzählungen aus den Tausendundein Nächten* sind ein buntes Gemisch von Geschichten aus Persien, Indien und Arabien, die aus dem ersten Jahrhundert nach Christus stammen. Sie wurden schließlich in Ägypten zu einer einzigen Sammlung zusammengestellt und gegen Ende des achtzehnten Jahrhunderts von Antoine Galland zum ersten Mal aus dem Arabischen übersetzt. Die Berichte über Haremstänze in seinen anderen Werken sind zweifellos von den Praktiken inspiriert, die Schehrezâd beschrieb, deren listige, kunstreiche Heldinnen in das große Pantheon heimtückischer Zauberinnen eingingen, die in der Weltliteratur zu finden sind.

In »Ali Baba und die vierzig Räuber« erzählt Schehrezâd die Geschichte der Sklavin Mardschâna, deren schneller Verstand ihrem Herrn Ali Baba mehr als einmal das Leben gerettet hat. Aus Dankbarkeit schenkt er Mardschâna die Freiheit, doch sie beschließt, bei ihm zu bleiben, weil sie fühlt, daß er noch in Gefahr schwebt. Sie findet heraus, daß der Räuberhauptmann die Absicht hat, ihren Herrn zu töten. Als der Räuberhauptmann sich in das Haus einschleicht und zum Abendessen geladen wird, ersinnt sie einen Plan für seinen Untergang. Sie kleidet sich als Tänzerin und legt um ihre Taille einen silbernen Gürtel, von dem ein Dolch herabhängt. Nach dem Mahle tanzt sie für Ali Baba und dessen Gast, während der Diener Abdallâh sie auf dem Tamburin begleitet.

Dann tanzte Mardschâna wieder einen schönen Tanz, ganz wie die kunstvollen Tänzerinnen, und sie begann sich rascher zu bewegen, bis sie schließlich einen Dolch aus ihrem Gürtel zog, und tanzte, indem sie ihn mit der Hand schwang, wie es die Beduinenmädchen tun; dabei legte sie die Klinge bald auf ihre eigene Brust, bald auf die Brust Ali Babas, bald näherte sie sie der Brust seines Sohnes Mohammed, bald berührte sie mit ihr die Brust des Räuberhauptmanns. Darauf nahm sie das Tamburin aus der Hand Abdallâhs und hielt es dem Ali Baba hin, indem sie ihm ein Zeichen gab, er möchte ihr eine Gabe schenken; da warf er ihr einen Dinar zu. Nun ging sie weiter zu seinem Sohn Mohammed; auch der warf ihr einen Dinar hin. Schließlich trat sie an den Hauptmann heran, in der einen Hand den Dolch, in der anderen das Tamburin. Er wollte ihr etwas geben und griff deshalb mit der Hand in seine Tasche. Aber da, plötzlich, wie er damit beschäftigt war, das Geld, das ihm zur Hand war, herauszuholen - bohrte sie ihm den Dolch in die Brust.[41]

Ali Bâba ist starr vor Entsetzen, aber Mardschâna deckt des Hauptmanns Mantel auf und enthüllt so den Dolch, den er in seinen Kleidern versteckt hielt. Daraufhin wird sie angemessen belohnt von ihrem Herrn, der ihr vorschlägt, sie solle seinen Sohn heiraten.

Die in Mardschânas Handlungsweise enthaltene Tugend ist eine subtile Variante des Themas der Versucherin. Ein unheimlicherer Todestanz wird von den Giftdamen aufgeführt, die in dem Sanskrit-Epos *Katha Sarit Sagara* auftauchen. Diese Frauen werden, als Tänzerinnen verkleidet, mit in ihren Gewändern verborgenen Giftfläschchen in das Lager des Feindes geschickt, und in einem geeigneten Augenblick der Darbietung gießt eine jede das tödliche Gebräu heimlich in das Getränk ihres Opfers.

Doch der Frau, die – manchen Interpreten der Bibelgeschichte zufolge – der Archetyp der tanzenden Versucherin ist, sind wir schon begegnet:

Sie ist fast nackt: in der Glut des Tanzes haben die Schleier sich gelöst, sind die Brokate gefallen; sie ist nur in Geschmeide und blitzende Mineralien gekleidet; wie ein Mieder umspannt eine Kette ihre Mitte, und gleich einer köstlichen Agraffe blitzt ein wundervoller Edelstein zwischen ihren Brüsten; ein um die Hüften gelegter Gürtel verbirgt die Schenkel, gegen die ein Riesengehänge aus Rubinen und Smaragden schlägt; und schließlich, auf dem nackt gebliebenen Körper, zwischen Mieder und Gürtel, der Bauch, dessen Nabel einem in milchigem und nagelrosa Onyx geschnittenen Siegel gleicht.[42]

Diese Beschreibung des Gemäldes *Die Erscheinung*, 1876 von dem französischen Künstler Gustave Moreau gemalt, stammt aus dem zeitgenössischen französischen Roman *Gegen den Strich* von Karl Huysmans. Der Held des Romans, Des Esseintes, der Welt überdrüssig, hat sich aus dem öffentlichen Leben in eine luxuriöse Einsiedelei zurückgezogen, die nach seinen exzentrischen Vorstellungen eingerichtet war. Ein paar sorgfältig ausgewählte Gemälde hingen an den Wänden, die durch den sinistren Charakter ihres Gegenstandes seine Phantasie anregen sollten. Salome eignet sich für diesen Zweck so gut, daß Des Esseintes gleich zwei Bilder von ihr hat, über denen er in seiner Einsamkeit brüten kann. Das zweite, ebenfalls von Moreau, zeigt die Tänzerin, wie sie eine Lotusblüte an ihre Lippen hält. Des Esseintes grübelt lange über die Bedeutung dieser Geste nach. Er bemerkt, die Lotusblume sei die geheiligte Blume der Isis gewesen und wohl als Fruchtbarkeitssymbol zu verstehen; angesichts dessen, was wir über den Ursprung von Salomes Tanz herausgefunden haben, ist das eine interessante Vermutung. Auf diesem Gemälde trägt die Tänzerin ein Gewand, das mit kostbaren Juwelen bestickt ist, die, auf ihrer Haut ausschwärmenden Insekten ähnlich, vollkommen den Eindruck erwecken, daß etwas Unangenehmes bevorstehe.

Beide Gemälde zeigen Salome auf Zehenspitzen tanzend, eher einer Ballerina als einer orientalischen Tänzerin ähnlich. Hätte Moreau, wie so viele seiner Zeitgenossen, eine Reise in den Osten unternommen, hätte sie gewiß mehr in der Art von Flauberts Salomé getanzt, die in der Erzählung *Herodias* beschrieben ist.

Sie bog sich nach allen Seiten, einer Blume gleich, die im Sturmwind schwankt. Die

Edelsteine an ihrem Ohr hüpften, auf dem Rücken schillerte die Seide, von ihren Armen, ihren Füßen, ihrem Gewande sprühten unsichtbare Funken und entflammten die Männer. Eine Harfe sang, die Menge antwortete mit Beifallsrufen. Salomé spreizte die Beine, und ohne die Knie zu beugen, neigte sie sich soweit rückwärts, daß ihr Kinn die Diele berührte; und die an Enthaltsamkeit gewöhnten Nomaden, die aller Ausschweifungen kundigen Soldaten Roms, die geizigen Zöllner, die in Zänkereien versauerten alten Priester, alle blähten die Nasenflügel und bebten vor Lüsternheit.[43]

Flaubert besuchte Ägypten und die Türkei im Jahre 1850. Er war vom Bauchtanz fasziniert und schrieb in einem Brief an seine Mutter, daß die Tänzerinnen allein die Reise nach Ägypten wert seien. Allerdings hat er sich die *Ghawazi* hauptsächlich ausgesucht, um ihre Dienste als Prostituierte in Anspruch zu nehmen, und seine Reisenotizen sind voller anschaulicher Berichte über seine sexuellen Heldentaten. Er

Stich aus dem neunzehnten Jahrhundert: Ein Tanz in den Ruinen von Karnak.

stellte die *Ghawazi* in erster Linie als Huren dar, in zweiter als Tänzerinnen, und er
war höchst beleidigt, als eine von ihnen eines Tages seinen Penis untersuchen wollte,
bevor sie mit ihm schlief, um sich zu vergewissern, daß er keine Infektion habe. Da
er sich wirklich eine Geschlechtskrankheit zugezogen hatte, lehnte er ihre Forderung mit großer, zur Schau gestellter Entrüstung ab und trat hastig den Rückzug an.
Wieder in Frankreich, ließ er sich von der Erfahrung mit diesen Frauen inspirieren
und dachte den Rest seines Lebens mit Melancholie an sie. Seine Beschreibung vom
Tanz der Salome war durch die *Ghawazi* inspiriert, deren Tanzbewegungen er auf
seiner Reise sorgfältig in allen Einzelheiten festhielt. Ein überaus genauer Beobachter, analysierte er alle Nuancen eines Tanzes und schloß auch die oft erschütternden
Begleitumstände ein. Die *Ghawazi* waren schon lange aus Kairo verbannt, als er in
Ägypten war, doch spürte er in einer abgelegenen Gasse eine auf und überredete sie,
für ihn zu tanzen. Er erwähnte ihre Angst davor, daß die Musik die Polizei anlocken
könne, und ihr Widerstreben, die Vorführung ganz zuende zu bringen, obwohl sie
im geschlossenen Raum stattfand. Später in Assuan, sah er eine Tänzerin nackt auftreten.

*... um den Leib trug sie einen Gürtel aus bunten Perlen, und ihr großes Halsband aus
Goldpiastern hing ihr (bis zur Vagina) herab; sie steckt das Ende in ihren Perlengürtel.*

*... schnelle, wilde Bewegungen mit den Hüften, während das Gesicht immer ernst
bleibt. Ein kleines Mädchen von zwei bis drei Jahren, in dem das Blut sich regte, versuchte sie nachzuahmen und tanzte für sich allein, ohne zu reden.*

*Das war in einer Hütte aus Erde, die kaum hoch genug war, daß eine Frau aufrecht
darin stehen konnte, in einem Viertel außerhalb der Stadt, das ganz aus Ruinen bestand,
... die am Boden lagen. – Inmitten dieser Stille diese Frauen in Rot und Gold.*[44]

Den Eindruck hinterließ bei Flaubert Kutchuk Hanem, die berühmte Tänzerin
und Kurtisane, deretwegen Reisende fünfhundert Meilen den Nil hinauffuhren, um
sie in ihrem Haus in Isna zu besuchen. Er fand, sie sei ein prächtiges Weib, und seine
Beschreibung vermittelt den Eindruck eines Tieres: ihre flatternden Nüstern, riesige
dunkle Augen und glatte Haut, die, so bemerkte er, sich leicht kräuselte, wenn sie
durch den Raum ging. Roh wiesen er und seine Freunde ihr Angebot, für sie zu tanzen, zurück und gingen stattdessen nacheinander mit ihr hinunter, um mit ihr zu
schlafen. Erst anschließend trat sie für sie auf.

Flaubert beschreibt ihren Tanz als »brutal« und erwähnt, wie sehr sie ihre Brüste
in ihrem Leibchen einschnürte. Kutchuk Hanem hatte für Flaubert trotz ihrer
Pracht etwas Tragisches an sich. »Ein Docht brannte in einer an der Wand hängen-
den Lampe von antiker Form... Ihr Körper war schweißbedeckt, sie war vom Tanzen müde, sie fror. Ich habe sie mit meinem Pelzmantel zugedeckt, und sie ist einge-
schlafen. Ich selbst habe kaum ein Auge zugetan.«[45]

Er blieb bis zum frühen Morgen wach und wurde gewahr, daß sie um drei Uhr erwachte, aufstand und vor einem Kohlenbecken niederkauerte, wo sie sich eine Stunde lang wärmte, bevor sie ins Bett zurückkehrte.

Am nächsten Morgen reiste er mit seinen Freunden ab, doch auf der Rückreise durch Isna besuchten sie sie ein letztes Mal. Er bemerkte, daß sie krank gewesen war und sah sie lange an, um dieses weniger gebieterische Bild seinem Gedächtnis einzuprägen. »Als ich aufbrach, habe ich ihr gesagt, daß wir am folgenden Tag wiederkommen würden, und wir sind nicht wieder hingegangen. Im übrigen habe ich die Bitterkeit all dessen ausgekostet, das ist das Wichtigste, es ist mir bis in die Eingeweide gegangen.«[46]

Seine Briefe und Tagebücher bezeugen den tiefen Eindruck, den Kutchuk Hanem bei ihm hinterließ; seine Beschreibungen der Tänzerin betonen ihren letztendlich tragischen Charakter und erinnern an jene melancholischen Studien über Kurtisanen, die in der französischen Literatur des neunzehnten Jahrhunderts zahlreich zu finden sind. Später schrieb er an seinen Freund Louis Bouilhet, daß ihn der Wunsch verfolge, noch einmal nach Isna zu reisen und die Tänzerin wiederzusehen, und er fügte hinzu: »Ich habe dort einen Abend verbracht, wie man wenige in seinem Leben verbringt. Im übrigen habe ich es sehr wohl gespürt.«[47]

Etwa zur gleichen Zeit, als Flaubert Kutchuk Hanem besuchte, sah sie auch der amerikanische Journalist G.W.Curtis in Isna. Ihm erschien sie als überaus gebieterische Frau mit ihrer »trägen, nachlässigen Selbstbeherrschung« und ihren »lachenden Augen«. Berauscht vom Rauch der *Nargileh* (der Wasserpfeife), die, so sagte er, durch seine Finger glitt wie eine Schlange, sah Curtis alles durch einen Schleier von Haschisch und Alkohol. Die Kleider der Tänzerinnen schienen in goldglänzendem Eigenleben von ihren Körpern zu gleiten, und der Tanz wurde durch den gesteigerten Wahrnehmungssinn für ihn zu einer »Liebeslyrik, die man nicht in Worte fassen kann – tief, orientalisch, eindringlich und schrecklich.«[48]

Zuhause in New York waren viele Leser über seine 1852 veröffentlichten Artikel *Nile Notes of a Howadji* bestürzt, als sie im *Tribune* erschienen, denn Bauchtanz war in Amerika unbekannt. In der zweiten Hälfte des neunzehnten Jahrhunderts jedoch konnten ihn viele Amerikaner mit eigenen Augen sehen, anläßlich der großen Weltausstellungen. Diese imposanten Ausstellungen, die zu beiden Seiten des Atlantiks viel besucht waren, brachten Bauchtänzerinnen aus dem Nahen Osten in den Westen, um Curtis' »Liebeslyrik« einem breiteren Publikum zu zeigen. Auf der Philadelphia Centennial Exposition im Jahre 1876 gab es auch ein algerisches Café mit Ouled Nail-Frauen als Unterhalterinnen. Die große Pariser Ausstellung dreizehn Jahre später zeigte sogar ein ganzes algerisches Dorf. All diese Ausstellungen befriedigten den wachsenden Geschmack am Exotischen, der durch die Reisenden geweckt worden war, die Jahre zuvor in den Orient gepilgert waren. Für Leute, die sich die Reise nicht leisten konnten, lieferten sie eine prosaischere Alternative: Sehen Sie die Geheimnisse des Orients in der Behaglichkeit Ihrer eigenen Heimatstadt. Zirkusartisten, Marktschreier und Scharlatane boten hier für alle etwas, die es nach Farbe und Spektakel hungerte. In diesem Rahmen wurde der Bauchtanz im Westen dargeboten: als Beiprogramm und Zirkusakt und ist seither stets mit dem Flair der Jahrmarktbude behaftet.

1893 zeigte die Chicagoer Weltausstellung ein algerisches Dorf. Auf die Reporter

Portrait einer unbekannten Tänzerin auf der Weltausstellung.

von *The Illustrated American*, eine Illustrierte, die zu der Ausstellung eine Sondernummer herausbrachte, machten die weiblichen Unterhalterinnen einen negativen
Eindruck:

*Schockierend unmalerisch, unromantisch und vulgär... Ihr verfilztes Haar, ihr schmie-
rig-schmutziger Teint, die unschönen Gesichtszüge, die fleckigen Zähne und ihre Neigung zur Beleibtheit sind schrecklich enttäuschend, und ihre Stimmen haben einen
Klang, mit dem in Amerika selbst eine Katze aus jeder ordentlichen Nachbarschaft mit
Schimpf und Schande davongejagt würde.*[49]

Doch nicht alle, die die Frauen sahen, teilten diese Meinung. Der Impresario Sol
Bloom bezahlte tausend Dollar, um seine Unterhaltungstruppe vorzustellen, zu der
auch eine syrische Tänzerin namens Fahreda Mahzar gehörte. Allgemein bekannt als
»Little Egypt«, inspirierte sie viele Nachahmerinnen, auch einen Schlager, und war
mit ihren Begleittänzerinnen eine Sensation der Ausstellung, denn als die Leute begriffen, daß »Bauchtanz« die Übersetzung von *danse du ventre* war, nahmen sie an, es
müsse sich um etwas Freches handeln, und strömten zusammen, um ihn zu sehen.
Es waren mehr die Gerüchte als die Vorstellung selbst, die die Menge anzogen, und
zweifellos war Sol Bloom entzückt, als sich seine Entdeckung als Geldquelle erwies.
Doch es war nicht der Unternehmer in ihm, der sagte: »In Wirklichkeit war der
danse du ventre, obgleich sinnlich und erregend, einfach ein Meisterstück an Rhythmus und Schönheit; er war choreographisch vollkommen, und das erkannten sogar
die ungeschultesten Zuschauer. Was immer sie zu sehen gehofft hatten, sie waren
hingerissen von der Darbietung, die ihnen geboten wurde.«
Die Karawane von Träumen, die Little Egypt und ihre Freunde aus der Wüste her-
führten, war schon jahrzehntelang von den Berichten früher Orientreisender angekündigt worden. In Paris, der kulturellen Hauptstadt des Westens, waren damals alle
Künstler mit diesen ausufernden Schilderungen vertraut, jetzt wurde es ernst mit der
geistigen Plünderung des Orients. Die tanzende Versucherin war vorwiegend von
Männern beschrieben und gemalt worden, denen sie der Inbegriff der Verzauberung
war. Nun kam die Reihe an die Frauen, die, begleitet von einer Fanfare moralischer
Entrüstung, in Theatern und Varietés ihr Verführungsritual in Szene setzten.
Im Jahre 1910 zeigte die amerikanische Tänzerin Mary Garden in Chicago ihre
Version vom Tanz der Sieben Schleier, wo er eine so heftige Kontroverse auslöste,
daß das Theater ihn vorzeitig absetzte. Der Polizeichef fand die Show »einfach wi-
derlich« und verglich Mary Gardens Tanz mit »einer Katze, die sich in einem Hau-
fen Katzenminze wälzt«. Mary Garden erwiderte darauf, daß ihr Tanz nicht im mindesten anstößig sei, da sie ihren Bauch ja bedeckt hielt und ihn gewiß nicht so rollte,
wie sie es in Algier gesehen hatte.
Moralische Entrüstung war nur eine Reaktion, die der Tanz damals hervorrief.
Manche Leute waren so hingerissen, daß sie erfinderisch Wege ersannen, wie sie in
dieser klassischen Vorstellung von Versuchung auch eine aktive Rolle spielen könnten. In New York eröffnete eine gewisse Mademoiselle Dazié eine Schule für Salomes und entließ jeden Monat etwa hundert von ihnen in die Varietés und Theater.

Eine Interpretation der Salome-Legende, Maud Allan, 1908.

In London hatte Maud Allans Salome einen ihrer Zuschauer inzwischen zu folgendem geschäftsmäßigen Vorschlag inspiriert:

10. März 1908

Liebe Miss Allan,
ich schreibe Ihnen, um Sie zu fragen, ob sie je daran gedacht haben, Python- oder andere Schlangen als Accessoirs bei Ihren orientalischen Tänzen zu verwenden. Sie brauchen nicht unbedingt selbst mit den Schlangen in Berührung zu kommen, so daß nicht die leiseste Gefahr entsteht. Falls Sie an der Idee interessiert sind, würde ich die Angelegenheit sehr gern mit Ihnen besprechen, damit wir eine Vereinbarung treffen können. Ich würde es übernehmen, mich um die Schlangen zu kümmern, da ich gewohnt war, mit ihnen umzugehen. Ich hatte diesen Gedanken schon lange im Kopf, habe aber nie zuvor daran gedacht, ihn umzusetzen. Es wäre gewiß ein einzigartiger Hintergrund für einen Tanz.
Ihr sehr ergebener
RH[50]

Auch das künstlerische Theater ließ sich von der orientalischen Welt inspirieren. Oscar Wilde schmückte Salomes Geschichte aus, indem er ihre Tat als Rache für ihre enttäuschte Liebe zu Johannes dem Täufer darstellte; doch als er, zusammen mit Sarah Bernhardt, versuchte, seinen Einakter in London aufzuführen, verbot es der Haushofmeister, dem auch die königlichen Theater unterstehen. Das Verbot gründete sich angeblich auf ein Gesetz aus dem sechzehnten Jahrhundert, das jede Darstellung einer biblischen Gestalt auf britischen Bühnen untersagte.

So war die Lage in London; auf der anderen Seite des Ärmelkanals, auf dem europäischen Festland, brachte das Russische Ballett inzwischen phantastische Kompositionen heraus, die auf orientalischen Thematiken beruhten. Leon Bakst kleidete Diaghilews Kompanie in Kostüme, deren wilde Pracht der von *Tausend und eine Nacht* in nichts nachstand. Er ließ sich von der nahöstlichen Kleidung inspirieren und gab dem Ganzen eine eigene, besondere Note, indem er Lagen über Lagen gemusterten Seidenchiffons verwendete, aus denen Stücke herausgeschnitten waren, die das nackte Fleisch enthüllten. Die Tänzerinnen des Russischen Balletts waren mit Perlen bedeckt; sie trugen Pfauenfedern im Haar, Schmuck an Armen und Beinen und Ringe an jedem Finger und jeder Fußzehe. Die Produktion von *Scheherazade* im Jahre 1910 wurde zur Sensation wegen ihrer Erotik, die durch diese gewagten Kostüme, bei denen die bloßen Brüste der Frauen unter den halbdurchsichtigen Schleiern hervorsahen, stark betont wurde. Diaghilews Ballettszenen waren stark von Edmund Dulacs Illustrationen zu *Tausend und eine Nacht* beeinflußt und zeigten in ihrer Wildheit und Erotik noch einmal Östliches im Zerrspiegel des Westens. In seiner Produktion von *Kleopatra* wurde die Königin in einem Kasten aus Gold und Ebenholz hereingetragen, in zwölf wehende Schleier gehüllt, die in allen Regenbogenfarben schillerten. Sie wurden von Sklaven einzeln von ihrem Körper geschält, und fiel das Licht auf sie, während sie über die Bühne schwebten, kam darunter jedes Mal ein noch prächtigerer zum Vorschein. Als Glanzlicht des Balletts hatte man die Aufführung be-

Zeichnung einer Odaliske für das Ballett *Sheherazade*, von Leon Bakst, 1910.

Kostümzeichnung für Salome, 1908, von Leon Bakst.

zeichnet, in der Ida Rubinstein als Königin selbst den letzten Schleier abwarf.

Ida Rubinstein verdankte ihren Ruf mehr ihrer beeindruckenden Schönheit als ihrem tänzerischen Können. Ihr Erfolg war, wie bei so vielen anderen damals, mehr auf Gerüchte als auf Talent gegründet. Baksts Kostüme und Bühnenbilder sorgten schon von sich aus für eine so berauschende, zum Träumen einladende Atmosphäre, daß eine Tänzerin kaum mehr tun mußte, als einen Fuß auf die Bühne zu setzen, damit ihr Ruf gemacht war.

In den Erinnerungen an ihre *Lehrjahre* liefert die französische Schriftstellerin Colette eine erheiternde Beschreibung einer anderen legendären Tänzerin, die sich auf Orientalisches spezialisiert hatte:

Bei Emma Calvé, vor einem »Altar«, der, mit einigen farbigen Statisten und Musikern, ihre mobile Dekoration darstellte, hatte Mata Hari, diese Tänzerin, die wenig, aber schlangenartig und rätselhaft genug tanzte, zwischen den Säulen einer weitläufigen weißen Halle großen Eindruck gemacht. Jene, die damals über Mata Haris Kunst und Person enthusiastische Lobeshymnen schrieben, werden sich heute fragen, welche kollektive Illusion sie dazu angespornt hat... Das Ende ihres »Tanzes«, wenn Mata Hari sich von ihrem letzten Gürtel befreite, der Moment, in dem sie sich bescheiden auf den Bauch fallen ließ, brachte alle Zuschauer - und nicht wenige Zuschauerinnen - an die gerade noch schickliche Grenze der Aufmerksamkeit.

Schauspielerinnen, Tänzerinnen und Kurtisanen trugen alle dazu bei, den Bauchtanz als vamphafte Versuchung darzustellen, und das daraus resultierende Klischee hat sich bis heute erhalten. Doch manche hatten umfassendere Träume. Ruth St.Denis wuchs Ende des neunzehnten Jahrhunderts in den Vereinigten Staaten auf. Ihre stark religiöse Mutter vermittelte ihr einen spirituellen Eifer, der während ihrer Kindheit kein entsprechendes Objekt fand, aber zum Tragen kam, als sie Tänzerin wurde. Sie hatte wenig Tanzausbildung, aber sie erinnert sich, daß sie von einem phantastischen Stück mit dem Titel *Egypt through the Centuries*, das sie eines Tages in Palisades Park in New Jersey sah, zutiefst bewegt war. Dieses Wiedererstehenlassen einer antiken Zivilisation fesselte sie. Zu jener Zeit war der Bauchtanz in den Vereinigten Staaten schon eingeführt. Nach Abschluß ihrer formalen Ausbildung arbeitete sie zehn Jahre lang im Vaudevilletheater; zehn Jahre, in denen Ideen für eine neue Art von Tanz in ihrem Unterbewußtsein Gestalt annahmen. Im Jahre 1904 ging sie dann, sie war Mitglied einer fahrenden Theatergruppe, eines Tages eine Straße in Buffalo hinunter, als ihr Blick zufällig auf ein Reklameplakat für eine ägyptische Zigarettenmarke fiel. Oben zeigte es einen geflügelten Skarabäus, darunter eine königliche Frau, die zwischen den Säulen eines Tempels saß und zu deren Füßen Lotusblüten auf einem Teich schwammen. In dem Augenblick fand Ruth St.Denis, wonach sie gesucht hatte. Die Figur auf dem Plakat vermittelte ihr ein Bild von sphinxartigem Geheimnis und heiterer Ruhe, und sie sagte zu sich selbst: »Von jetzt an will ich Ägypterin sein.«

Der Vorfall (abgesehen davon, daß er ein Beispiel für die Macht der Reklame ist) ist noch in anderer Hinsicht interessant. Die majestätische Frau auf dem Plakat, die

Mata Hari

im Eingang eines ägyptischen Tempels sitzt, erinnert an die Göttin Isis. Somit wurde Ruth St.Denis' Imagination vielleicht nicht nur von einem Bild antiker Größe aufgestört, sondern auch von der Kenntnis weiblicher Gottheit.

Sie war so gänzlich vom Geist Ägyptens besessen, daß sie später sagte, sie müsse halb Orientalin gewesen sein, ohne es zu wissen. Ihre gesamte freie Zeit verbrachte sie damit, zu forschen und ein großes Schauspiel zu schaffen, in dem der Geist des alten Ägyptens selbst zum Ausdruck kommen sollte. Da die Inszenierung von *Egypta* sehr teuer war, sind bis zur Realisierung fünf Jahre verstrichen. In der Zwischenzeit produzierte Ruth St.Denis im Jahre 1906 das weniger aufwendige *Radha*, das Walter Terry in *The Dance in America* beschreibt.

»Zunächst bewegen sich nur die Augenlider, dann hebt sich langsam der Busen, während der Lebensatem einströmt und auf Rumpf und Glieder übergeht. Der Körper scheint zu schimmern in subkutaner Arbeit, Aktivität der inneren Organe, und bald dehnt sich die innere Bewegung auf die Muskeln an der Oberfläche aus.« Er beschreibt dann weiter, wie Ruth St.Denis sich mit Fingerzimbeln begleitet, denen sie ihren Kopf zuneigt, um ihr glockengleiches Klingen umso besser zu hören. Sie trägt einen goldenen Rock »und gibt sich einem Delirium der Sinne hin. Die Arme erzittern in Ekstase, der Körper windet sich in Selbstverzückung.« Als sie herumzuwirbeln beginnt, wogt ihr Rock um sie herum wie Feuer, ihr Kopf und ihr Körper »neigen sich langsam zurück, bis der Gipfel muskulärer Hingabe erreicht ist«.[52]

Das damalige Publikum reagierte schockiert, vielleicht wegen ihres durchsichtigen Trikots, dessen Juwelenverzierung ihren Körper nur teilweise verbarg. Zeitungen brachten die Schlagzeilen »Gesellschaft begutachtet orientalische Verrenkungen ... Dunkelheit verbirgt Erröten«. Doch Reporter, die sie mit Little Egypt zu vergleichen suchten, mußten zugeben, daß in der Tat keinerlei Ähnlichkeit bestand. Abgesehen von allem anderen zeigte Ruth St.Denis einen Tanz, dessen Differenziertheit ihn deutlich von den Darbietungen im Showgeschäft unterschied.

In späteren Jahren sah sie die Ouled Nail im Nahen Osten, und als sie ihren »Ouled Nail Tanz« herausbrachte, bemühte sie sich um Authentizität des Kostüms und trug die Armreifen, die ihr Mann Ted Shawn bei seinem Besuch in Bou Saâda den Tänzerinnen dort abgekauft hatte.

Ruth St.Denis interpretierte den Orient anhand spezifischer Themen, die im Verlauf der Zeit immer mystischer wurden. Gemeinsam mit der Tanzethnologin La Meri gründete sie eine Schule, und die beiden Frauen gaben Vorstellungen, bei denen La Meri die volkstümliche Version eines Tanzes beitrug und Ruth St.Denis den geistigen und spirituellen Inhalt interpretierte. La Meri berichtete viele Jahre später, daß Ruth St.Denis, als sie ihre Tänze entwickelte, niemals orientalische Tänzerinnen in ihren Herkunftsländern gesehen, sondern nur Bilder betrachtet und über sie gelesen hatte. Sie schloß den sinnlichen Geist und die Schlangenbewegungen des orientalischen Tanzes in ihre Arbeit ein, doch sie war keine orientalische Tänzerin; eher eine Darstellerin, die ihr beträchtliches künstlerisches und schauspielerisches Können benutzte, um den Geist des Ostens für ein westliches Publikum zu interpretieren.

Mehr als irgendein Orientalist interpretierte sie, was sie als den Geist der nahöstlichen und asiatischen Kultur verstand und führte dabei den Begriff des ethnischen Tanzes als künstlerisch wertvoll ein.

In den 20er Jahren, als Ruth St.Denis längst Karriere gemacht hatte, trat Armen Ohanian mit großem Erfolg in Paris auf. In ihrer Autobiographie *The Dancer of Shamahka* schreibt sie: »Schon in meiner Kindheit war ich von unserem antiken Tanz, dem ersten Ausdruck der neugeborenen Menschheit, fasziniert. Solch ein Tanz war für mich ein episches Gedicht, alles zog mich zu ihm hin.«[53] Sie brachte sich selbst das Tanzen bei, als ihre Familie in Shamahka lebte, einer Stadt etwas östlich von Armenia, die wegen ihrer Tänzerinnen legendäre Berühmtheit erlangt hatte. Nach ihrer Scheidung wurde sie Berufstänzerin, und sie begann ihre Karriere mit unverfälschter Liebe zu ihrer Kunst und einer neuerrungenen Verachtung für muslimische Bräuche. Sie fing an, sich offen mit männlichen Studenten zu treffen, um mit ihnen über Frauenbildung zu sprechen, und weigerte sich gleichzeitig, einen Schleier zu tragen – was, wie sie bemerkt, einen Schock auslöste, dem vergleichbar, mit dem eine europäische Frau konfrontiert gewesen wäre, hätte sie es gewagt, mit nacktem Po in der Öffentlichkeit zu erscheinen. Die Ablehnung des Schleiers sei eine praktische Angelegenheit gewesen, schreibt sie, denn in den Schleiern nistete Krankheit, Staub und Bakterien setzten sich dahinter fest. Frauen mußten ihre Augen krampfhaft anstrengen, um von einem Gegenstand mehr als die unscharfen Umrisse zu erkennen und erkrankten oft an Trachom, der sogenannten ägyptischen Augenkrankheit, was zur Folge hatte, daß die meisten alten Frauen blind starben. Armen Ohanian entging diesem Schicksal, und es erging ihr besser als den meisten Frauen, die aufgrund von Armut oder Scheidung auf den Tanz zurückgreifen mußten. Es gelang ihr, nach Europa zu gehen, wo sie zu einer gefeierten Künstlerin wurde. Sie haßte es, im Nachtklubmilieu zu tanzen, und war sich bewußt, daß professionelle Tänzerinnen nicht geachtet wurden. Schon seit ihrer Kindheit wußte sie das, nachdem sie eines Tages eine Begebenheit mitangesehen hatte, als sie mit ihrem Onkel durch einen persischen Bazar ging und sie dort auf eine junge Tänzerin stießen.

Ihr Haar hing wirr herab, ihr schmales Gesicht schien über die Jahre gealtert, und während sie eine klagende Weise sang, bewegte sich ihr Körper im Rhythmus der Melodie, und die Bewegung glich den Krümmungen einer verwundeten Schlange. So viel Leiden, so viel Auflehnung lag in ihren Gesten, die einmal heftig und zornig, dann wieder matt und voller Herzeleid waren. Ohne ein Wort drückte sie all ihre Erfahrung mit einer Menschheit aus, die nur Gemeinheiten, Undank und Grausamkeit hat für jemanden, der nichts mehr zu geben hat.[54]

Die Tänzerin hielt ihr Tamburin hin und wurde mit faulen Eiern und Kieselsteinen belohnt, während die Menge höhnisch lachend dabeistand.

»Es gibt nichts Sündigeres als eine Tänzerin«, bemerkte ihr Onkel, als sie sich abwandten.

Niemals vergaß Armen Ohanian das junge Mädchen im Bazar und sie machte sich zur Aufgabe, ihren Beruf zu verteidigen. Ihre Herkunft war ihr dabei eine Hilfe, denn sie stammte aus einer weit weniger armen Familie als die meisten anderen Tänzerinnen. Außerdem hatte sie das Glück, daß zu ihrer Zeit Tänzerinnen andernorts in Europa Volkstanz zum ersten Mal in die darstellende Kunst hineintrugen.

Armen Ohanian, Ruth St.Denis und Little Egypt: dies sind Tänzerinnen, deren Namen uns überliefert wurden. Doch was ist mit den zahllosen Frauen, die sie in der einen oder anderen Weise beeinflußten?

Der orientalische Tanz erwies sich auf breiter Ebene als Inspiration und hatte weitreichende Auswirkungen auf den weiblichen Teil der westlichen Bevölkerung.

Reifrock und Tournüre hatten die untere Körperhälfte der Frauen jahrzehntelang verborgen und zugleich betont. Die Mode des neunzehnten Jahrhunderts schränkte die Bewegungsfreiheit ein. Nur Arme und Beine der Frauen bewegten sich frei, wenn sie tanzten. In den 20er Jahren zeigten die Frauen zum Entsetzen vieler ihre bis dahin zurückhaltend verhüllten Körper in enganliegenden Kleidern und brachten damit einen Wunsch nach größerer körperlicher Freiheit zum Ausdruck. Außerdem zeigte sich nun, da sie sich bequemer bewegen konnten, daß ihre Körper für mehr bestimmt waren als für die Figuren der formalen Tänze; das galt nicht nur für die Komödiantinnen und Königinnen der Nacht, sondern auch für anerkannte Tänzerinnen. Ihre Phantasie wurde sowohl von der Freiheit des orientalischen Tanzes als auch von der lockeren Kleidung angeregt. Denn eines war gewiß: es war unmöglich, Shimmy zu tanzen, wenn man ein Korsett trug. Dennoch verstärkte diese Art von Tanz, der, wie schwach auch immer, die Sexualität der Frauen demonstrierte, was die Männer nicht wahrhaben wollten: daß Frauen starke sexuelle Triebe hatten, genau wie sie selbst. Den Männern im Nahen Osten war das bewußt; weibliche Sexualität war für sie keine vernachlässigbare Größe. Mit Schleier und Absonderung im Harem versuchten sie sie in Schach zu halten. Im Westen hingegen fühlten die Männer sich schon bedroht, wenn sie nur ihr Vorhandensein eingestanden. Aber sie waren auch davon angezogen.

Als nach dem ersten Weltkrieg der Frieden gefeiert wurde, gab man sich zu beiden Seiten des Atlantiks einem Tanztaumel hin.

Shimmy war ein Modetanz der 20er Jahre. Ein anderer war Charleston, der perfekt einen *Ghawazi*-Tanz nachahmte, den diese Frauen noch heute tanzen. Eine seiner Figuren zum Beispiel beinhaltet einen Luftsprung mit gleichzeitiger Körperdrehung; die Tänzerin landet, indem sie leicht ihre Knie beugt und Schultern und Hüften schüttelt. Es ist möglich, daß der Charleston von Reisenden in den Westen gebracht wurde, besonders von Matrosen, die die *Ghawazi* in Ägypten gesehen hatten. In den 20er Jahren tanzten die amerikanischen und europäischen Frauen in ganz neuer Manier; sie schüttelten ihre Schultern und Hüften, wackelten mit dem Hintern und schlugen der Wohlanständigkeit ein Schnippchen. Sie hatten schon die Korsetts ausrangiert, die jahrelang ihre Körper deformiert hatten. (Denn die große Zahl ohnmächtig werdender Frauen in der viktorianischen Literatur war nicht so sehr ein Anzeichen von Zartheit als vielmehr ein Hinweis auf den Körper, der durch enges Schnüren so eingezwängt war, daß es unmöglich war, ordentlich zu atmen, vom Tanzen gar nicht zu reden.) Keine Fischbeinmieder beengten die Körper junger Mädchen beim Shimmy, und der Fransenbesatz der Tanzkleider begleitete ihre wild schwingenden Hüften mit ganz eigenem Leben.

Mae West führte den Shimmy beim Kinopublikum ein. Sie stellte ihn als Frivolität dar, doch ihre sorglose Sexualität war damals einzigartig in Hollywood, wo man es vorzog, ein Alternativklischee orientalischer Version zu erstellen, den Ausdruck einer dunkleren Sexualität.

Die Schauspielerin Theda Bara machte ihren Namen aus einem Anagramm der Worte »Arab death«. Doch die sinisterste Verkörperung der tanzenden Versucherin im Filmland war Mata Hari, eine moderne Salome, die später wegen ihrer Spionagetätigkeit erschossen wurde.

Biblische Epen aus den 30er und 40er Jahren hatten garantiert immer ihre Bauchtänzerin, um zwischen Seelensuche und Soldateska etwas leichte Unterhaltung zu verschaffen, während in den 50er Jahren jede Filmsalome einen Rubin im Nabel trug, nicht so sehr zum Schmuck als vielmehr, weil ein für Anstand in der Filmindustrie verantwortliches Komitee ihn zur Auflage gemacht hatte. (Nackte Bauchnabel galten damals als unschicklich.) Jeder im Nahen Osten spielende Film hatte eine obligatorische Nachtklubszene, belebt durch eine Bauchtänzerin, die knapp sechzig Sekunden über die Leinwand flimmerte. Wenig hatte sich an der Filmfront verändert, als 1969 die Verfilmung von Lawrence Durells *Justine* erschien. Der Film thematisiert die leidvolle Sexualität der Hauptfiguren – diverse europäische Auswanderer und Angehörige der guten Gesellschaft Alexandrias –, zu denen auch eine Bauchtänzerin gehört. Er enthält viele Nachtklubszenen in der Stadt, gewiß eine Gelegenheit, um ein wenig authentischen Tanz zu sehen und um durch diesen Tanz die sexuelle Thematik zu erforschen. Aber nein. Eingeborene Tänzerinnen wurden verdingt, um spannende zehn Sekunden lang mit Wassergefäßen auf dem Kopf über die Leinwand zu flimmern, und später sah man noch ein paar männliche Tänzer, obgleich sie nicht eigentlich tanzten. Es ist unklar, wie weit Anna Karina (die die Bauchtänzerin Melissa spielt) ihre Aufgabe gelernt hatte, denn die Kamera konzentrierte sich bei ihren kurzen Auftritten vorwiegend auf ihren Kopf und ihre Schultern. Bauchtanz ist dem Film noch immer nicht mehr als ein paar kurze Einstellungen wert, und auch da wird kein Versuch gemacht, ihn als kunstvolle Unterhaltung zu präsentieren oder die Begeisterung eines nahöstlichen Publikums zu zeigen, das ihm zuschaut.

Inzwischen ist in den Vereinigten Staaten wie in Europa diese Kunst von der Welt der Nachtklubs vereinnahmt worden. Resultat ist, daß wir vom Bauchtanz kaum mehr kennen als Flitter und Troddeln und nackte Haut.

Vor einiger Zeit fuhr ich in Marokko mit dem Zug und begann eine Unterhaltung mit einem amerikanischen Ehepaar mittleren Alters, das in meinem Abteil saß. Der Mann war recht scheu und überließ das Reden seiner Frau; doch als ich mein Interesse an Bauchtanz erwähnte, leuchteten seine Augen auf.

»Es gibt ein Lied, das wir beim Militär sangen«, sagte er und fing an zu singen, wo er die Worte nicht mehr wußte, summte er:
Little Egypt came a-struttin',
Wearing nothing but a button and a bow...oh...oh...oh...oh!

»Ich weiß nicht viel über Bauchtanz«, fuhr er fort, während er freundlich mit dem Finger auf mich zeigte, »aber vielleicht können Sie das Lied in ihrem Buch verwenden.«

ACHTES KAPITEL

Die Tänzerin und der Islam

Der Islam hat den Tänzerinnen niemals Wohlwollen entgegengebracht. Historisch gehörten sie einem geringgeschätzten Berufsstand an, und um ihrem Beruf nachzugehen, mißachteten sie diverse islamische Gesetze, die die Stellung der Frau in der Gesellschaft betrafen.

Die Mehrheit der nahöstlichen Völker wird vom Islam beherrscht, der zugleich ein politisches System und einen Glauben verkörpert. Abgesehen von den Israelis sind Andersgläubige – zum Beispiel die koptischen Christen in Ägypten – entschieden in der Minderheit. Die einzige bedeutendere Ausnahme ist der Libanon, wo die Hälfte der Bevölkerung christlich ist, während in anderen Teilen des Nahen Ostens ein unbedeutender Anteil dem Judentum anhängt.

Der muslimische Glaube wurde von dem 569 nach Christus in Mekka geborenen Propheten Mohammed begründet. Seine Lehre ist in den Sprüchen und dem Leben Mohammeds und im Koran enthalten, der für die Moslems das Wort Gottes darstellt, so wie Gott es dem Propheten direkt offenbarte. Der Islam basiert auf dem Glauben, daß es keinen anderen Gott gibt außer Allah und daß Mohammed, der letzte einer langen Reihe erleuchteter Propheten, sein von Gott erwählter Interpret ist. Abgesehen von den Gebeten und dem Rezitieren des Glaubensbekenntnisses, verpflichten sich die Anhänger des Islam, den Armen Almosen zu geben, im Monat Ramadan von Sonnenaufgang bis Sonnenuntergang zu fasten und einmal in ihrem Leben eine Wallfahrt nach Mekka zu unternehmen. Bevor der Islam aufkam, wurden im Nahen Osten verschiedene Religionen einschließlich Judentum, Christentum und Götzenverehrung praktiziert. Gegen die ersten beiden, insbesondere gegen das Judentum, zog der Islam in seiner Lehre heftig zu Felde, während er letztere auszurotten versuchte. Anscheinend waren Mohammeds ursprüngliche Ambitionen recht bescheiden und er beabsichtigte nur, das Volk von Mekka vom Heidentum zu

bekehren; erst später dehnte sich dieses Ziel auf Arabien aus und nach seinem Tod
auch auf andere Teile der Welt. Das Blutvergießen für die Sache wurde akzeptiert
und gefördert, und die Verbreitung des Islams wurde durch Wellen der Eroberung
vorangetrieben. Im siebten Jahrhundert fiel Damaskus, Ägypten und Tunesien den
Arabern zu, gleich darauf folgte Maghreb. Im vierzehnten Jahrhundert war fast ganz
Indien von den Moslems beherrscht, die auch nach Ost- und Westafrika, Sumatra,
Java und Spanien vorgedrungen waren. Der Islam zwang sich den eroberten Kulturen auf, anstatt von ihnen assimiliert zu werden, tolerierte aber gleichzeitig alte
Bräuche, was bei seiner Verbreitung eine Rolle spielte.

Der Islam ist eine allumfassende Religion, die alle Aspekte menschlicher Erfahrung, einschließlich der Künste, erfaßt. Der Tanz zwischen den Geschlechtern wurde verboten, um die Göttinnenverehrung zu unterbinden und auch um die weibliche Sexualität einzugrenzen und sie jeweils nur einem Mann verfügbar zu machen.
Einige Anthropologen meinen, daß die Frauen hart kämpften, um der Unterjo-
chung zu entgehen, und daß ihnen ihre früheren Freiheiten nur unter Schwierigkei-
ten genommen werden konnten. In *Beyond the Veil* untersucht die marokkanische
Soziologin Fatima Mernissi arabische Schriften zu diesem Thema und kommentiert,
daß sie den Eindruck vermitteln, die Frauen hätten einst eine viel größere sexuelle
Selbstbestimmung genossen als heute. Sie berichtet, daß eine Frau im siebten Jahrhundert nach Christus sexuelle Verbindungen einging, ohne ihren Vater oder einen
anderen männlichen Verwandten um Rat zu fragen, und daß sie, wollte sie die Scheidung, ihren Mann einfach dreimal hintereinander abwies, wie die Männer es heute
tun. Fatima Mernissi sagt weiterhin, daß man aus dem Mangel an Ritualisierung den
alltäglichen Charakter dieser Abmachungen folgern kann. Oft ging eine Frau sofort
nach Erlangung einer Scheidung eine neue Ehe ein, obgleich sie von ihrem vorheri-
gen Ehemann schwanger sein konnte – kein Problem, wenn die Vaterschaft für unwichtig gehalten wird. Unter dem Islam wurden die meisten sexuellen Freiheiten,
die die Frauen zuvor hatten, abgeschafft. *Hiba* (ihre Einführung in sexuelle Beziehungen) wurde gesetzlich verboten, Scheidung wurde ein Privileg des Mannes, und
die Gesetze über die Wiederverheiratung einer Frau wurden strenger. Vor dem Tod
des Propheten im Jahre 632 nach Christus behielten die Frauen einige ihrer Befug-
nisse, zum Beispiel konnten sie sich mit unverhülltem Gesicht frei in der Öffentlichkeit bewegen. Später wurde der Schleier Zwang, ebenso die getrennte Erziehung der
Geschlechter.

Als praktizierter Glaube übte der Islam immer größeren Einfluß auf seßhafte Gemeinschaften als auf Nomadenstämme aus. Es bedurfte langer Zeit, um die Beduinen
zu bekehren, und der muslimische Glaube hat auch nie einen sehr tiefen Eindruck in
ihrem Bewußtsein hinterlassen. Die Beduinen behielten viele ihrer Bräuche bei, die
durch die Härten des Wüstenlebens notwendig waren. Beduinenfrauen sind, ebenso
wie Berberfrauen, immer unverschleiert gegangen. Die Verschleierungsbräuche sind
in der muslimischen Welt von Land zu Land verschieden. In Saudi-Arabien wird das
ganze Gesicht verborgen; in anderen Golfstaaten sind Augen und Nase hinter einem

schwarzen metallischen Visier verborgen, und im Iran nimmt die Frau einen Zipfel des alles umhüllenden Schleiers, der ihren Kopf und Körper bedeckt, und hält ihn über Mund und Nase. In der Türkei, wo der Schleier längst offiziell abgeschafft worden ist, kann man auch in Städten noch immer ältere Frauen sehen, die sich einen Zipfel ihres dichten Körperschleiers in ähnlicher Art über Nase und Mund halten. Im Irak wiederum versteckt eine Frau nur ihr Haar; ihr Gesicht bleibt unbedeckt. Bei bestimmten Nomadenstämmen aber – zum Beispiel bei den Tuareg – sind es die Männer, die verschleiert gehen. In *The Land of Veiled Men* vertritt P. Fuchs die Auffassung, daß Verschleierung ursprünglich – wie er es nennt – magische Bedeutung hatte und eng mit der matriarchalischen Gesellschaftsstruktur zusammenhing. Verschleierung und Tanz wurde schon in Verbindung mit der Göttinnenreligion untersucht, doch das ist eine komplexe Frage, die hier nicht beantwortet werden kann. Zweifellos bietet Verschleiern einen unverzichtbaren Schutz gegen Hitze und Staub in der Wüste. Doch sollte man bedenken, daß es, als Ritual und nicht mehr als praktische Maßnahme gehandhabt, symbolische Bedeutung erlangt.

Die aufgezwungene Verschleierung der Frauen machte sie geheimnisvoll und unnahbar. Es ermöglichte den Männern, Phantasien um sie zu ranken, in denen ihre Unnahbarkeit den eigentlichen Zauber ausmachte. Dies spiegelt sich in der arabischen Liebeslyrik wider. Die leidenschaftlichen Gefühle des Liebenden können eben durch die Unerreichbarkeit seiner Geliebten genährt werden, deren persönliches Erscheinen niemals beschrieben wird. Die Frau als schwer faßbares Geschöpf von verborgener Schönheit ist ein mächtiger Begriff in der islamischen Gesellschaft. So herrscht der Glaube, sie sei so fragil, daß es in ihrem ureigensten Interesse ist, wenn sie abgesondert oder – wie ein muslimischer Mann argumentieren würde – vor den harten Realitäten der Außenwelt geschützt wird. Im elften Jahrhundert nach Christus schrieb der mohammedanische Gelehrte Ibn Hazm:

Frauen sind wie süßduftende Kräuter, die ihren Duft verlieren, wenn man sie nicht umsorgt. Sie sind ein Gebäude, das einstürzt, wenn man es vernachlässigt. Aus diesem Grunde ist gesagt worden, daß Schönheit bei Männern feiner, wahrer und fester verwurzelt ist, da sie Dingen wie der Mittagshitze, dem Wüstensamum und anderen Winden, Wetterveränderungen und Heimatlosigkeit standhält, die alle in einem Teil oder der Gesamtheit des Gemüts einer Frau unlöschbare Spuren hinterlassen.[55]

Neunhundert Jahre später ist der Glaube, daß die Reize einer Frau Schaden nehmen, wenn man sie der Rohheit und Unordnung des öffentlichen Lebens aussetzt, in der muslimischen Welt noch immer geläufig.

Tänzerinnen haben immer ambivalente Reaktionen in der Gesellschaft hervorgerufen. In bestimmten Situationen und historischen Epochen werden sie akzeptiert, in anderen nicht, und »ehrbare Frauen« haben nie für ihre Ehemänner oder in der Öffentlichkeit getanzt. Der Grund ist nicht sofort ersichtlich. Warum sollte es annehmbar sein, privat mit anderen Frauen zu tanzen, aber nicht, wenn ein muslimischer Mann anwesend ist? Warum ist eine Tänzerin bei der reichsten Hochzeit willkommen – ja sogar erforderlich –, obgleich sie vielleicht auch eine Prostituierte und aus diesem Grund in jedem anderen sozialen Zusammenhang unakzeptabel ist? Eine Antwort ist, daß Tanz in muslimischen Ländern eine Kunst der arbeitenden Schicht ist, eine Sklavenkunst. Die gleichen Frauen, die bei Festessen den Wein servierten, lieferten auch die Unterhaltung. Tänzerinnen waren arme Frauen, die für ein paar Münzen auf dem Marktplatz auftraten. Es gab keinen Grund, warum eine reiche Frau für ihren Mann auftreten sollte, wenn er es sich leisten konnte, Unterhalterinnen zu bezahlen. Nur wenn ein Mann zu arm war, um seine Frau zu ernähren, machte sie sich daran, auf diesem Weg ihren Lebensunterhalt zu verdienen; und dann war Tanzen, ungebildet wie sie war, fast ihre einzige Möglichkeit.

Andere Gründe, deretwegen Bauchtänzerinnen in ihren Ursprungsländern keine gesellschaftliche Achtung genießen, liegen in der muslimischen Haltung gegenüber der weiblichen Sexualität.

Islam und Christentum haben diesbezüglich einiges gemein. Beide gehen davon aus, daß der Geschlechtstrieb in Männern und Frauen gleich mächtig ist, obgleich das Christentum, insbesondere zu Zeiten extremer sexueller Repression, einen anderen Eindruck vermittelte. Der Unterschied zwischen beiden besteht darin, daß das Christentum Sexualität ohne Fortpflanzung in gewisser Weise für »sündhaft« hält, der Islam jedoch nicht. Der muslimische Glaube erkennt an, daß sie eine so machtvolle Kraft ist, daß sie potentiell zerstörerisch sein kann; also muß man sie strikt kontrollieren: verschiedene Gedankengänge, ähnliche Resultate. Im Islam hält man es für wichtig, daß ein Mann seinen Geschlechtstrieb befriedigt, da sonst die gesellschaftliche Ordnung in Gefahr geraten kann. Diese Angst vor Chaos ist eine Bedrohung, die die nahöstliche Gesellschaft durchzieht. Frauen werden als größte potentielle Quelle des Chaos betrachtet, also muß man die Männer vor ihnen schützen. Verschleierung, Absonderung im Harem und die Beschränkung der sexuellen Betätigung der Frauen dienten diesem Zweck. Einem Mann sind gesetzlich vier Frauen erlaubt, unter der Bedingung, daß er sie gleich gut versorgen kann. So beseitigt Polygamie (ursprünglich durch das Konzept gerechtfertigt, daß überzähligen Frauen Schutz und ein Heim gegeben werden müsse) ideell den Drang, mit Prostituierten zu verkehren, die als weitere Quelle von Chaos betrachtet werden.

Für eine Frau sind die Dinge allerdings weniger glücklich geregelt. Der Islam widmet ihrer sexuellen Erfüllung zwar eine gewisse Aufmerksamkeit und erlaubt ihr sogar die Scheidung, wenn sie Mangel an sexueller Befriedigung in der Ehe angibt. Aber in streng muslimischen Ländern nimmt eine Frau ein beträchtliches Risiko auf sich, wenn sie die Scheidung beantragt, und wenige Frauen wagen diesen Schritt. Darüber hinaus kann sie als eine von vier Frauen nur erwarten, daß ihr Ehemann ebensoviel Zeit mit ihr verbringt wie mit den anderen, und zuweilen ist es – je nach Neigung des Mannes – auch sehr viel weniger.

Die muslimische Welt weist, wie die unsere, all die Widersprüche zwischen Glauben und Praxis auf, die in jeder Gesellschaft auftreten, in der die Sitten früherer Zeiten halb vergessen und nur halb begraben sind. Ein Beispiel: im Islam unterliegen Musik und Tanz als frivole Künste der Zensur. Beide sind stets Volkskunst, ja sogar gesellschaftlich unentbehrlich gewesen. Ein Mann mag sich für den ergebensten Gläubigen halten und dennoch Gefallen am Musikhören finden. Doch sollte Musik niemals ernstlich zu einer Ablenkung werden. Ebensowenig wie eine Frau. Sie könnte leicht dazu werden, hält man sie für fähig, einem Mann mehr zu geben als Sexualität. Freundschaft, Zuneigung, Kameradschaft, intellektuelle Auseinandersetzung: diese Dinge gelten nicht als übliche Bande zwischen den Geschlechtern. Daß ein Mann und eine Frau eine auf Liebe aufgebaute Beziehung zueinander haben können, ist ein relativ neuer Gedanke, ein romantischer Import aus dem Westen. Es ist eine fremde Vorstellung in vielen traditionellen muslimischen Ländern, daß eine Ehe sich auf Liebe gründen sollte, denn obgleich der Brauch sich langsam verändert, kennen sich Mann und Frau dort oft kaum vor ihrer Hochzeit. Dennoch ist die alte und moderne arabische Lyrik voller Geschichten über romantische Liebe, die zwar keine gesellschaftliche Norm ist, aber dennoch als Ideal in den Köpfen der Leute verhaftet bleibt.

Als Band zwischen einem Mann und einer Frau gilt sexuelles Begehren. »Bringe einen Mann und eine Frau zusammen«, lautet ein altes arabisches Sprichwort, »und gleich ist noch ein dritter dabei: der Teufel.« Aber die strenge Kontrolle weiblicher Präsenz in der Öffentlichkeit ist keineswegs dazu angetan, den Männern die Frauen effektiv aus dem Kopf zu schlagen, sondern macht das Verlangen nach ihnen oft umso obsessiver. In streng muslimischen Ländern wird eine unverschleiert auf der Straße erscheinende Frau von den Männern als Bedrohung angesehen. Sitzt eine westliche Frau allein in einem Straßencafé, so zieht sie nur die Aufmerksamkeit auf sich; tut aber eine junge muslimische Frau das gleiche, wird sie entweder für verrückt oder für schamlos gehalten. Im Nahen Osten werden die Frauen ermahnt, ihre sexuelle Anziehungskraft in der Öffentlichkeit zu verbergen, im Gegensatz zum Westen, wo wir gezwungen sind, sie zu entäußern; eine Verpflichtung, die auf ihre Weise unterdrücken kann. Wir schmücken uns, wenn wir ausgehen, und heben unsere weniger auffälligen Kleider für zuhause auf. Viele muslimische Frauen tun das Gegenteil. Im Privaten schenken sie ihrer Erscheinung größte Beachtung, doch werden ihre leuchtenden – fast zu prunkvollen – Kleider sorgsam unter alles umhüllenden schwarzen oder weißen Gewändern verborgen, wenn sie sich hinauswagen.

Im Mittelmeerraum hat der Brauch, den Körper durch Schmuck und Kosmetik zu betonen, seit jeher bestanden. Die Augen werden als eine der wichtigsten erogenen Zonen betrachtet, und der Sufi-Rechtsgelehrte und Theologe Abu-Hamid al-Ghazali teilt uns mit, daß ein Mann die Ehre einer Frau genauso verletzen kann, wenn er sie anschaut, wie wenn er mit den Händen nach ihr greift, eine Auffassung, die Christen vertraut ist. Wenn eine Frau sich in der Öffentlichkeit zeigt und zu frei umherblickt, setzt sie sich der Gefahr aus, entehrt zu werden, und wird für exhibitionistisch gehalten.

Vor hundert Jahren bemerkte E.W.Lane über die *Ghawazi*: »Viele Leute aus Kairo behaupten oder sind überzeugt davon..., daß der Tanz der *Ghawazi* nichts Anstößiges an sich hat, außer der Tatsache, daß er von Frauen vorgeführt wird, die sich nicht so in der Öffentlichkeit zur Schau stellen sollten.«[56]

Von allen muslimischen Frauen sind Tänzerinnen die einzigen, die sich in einer männlich dominierten Umwelt bewegen. Sie sind für die Männer doppelt beunruhigend, da sie eine Kunst ausüben, die die Aufmerksamkeit auf ihre Sexualität lenkt. Eine Frau, die in der Öffentlichkeit tanzt, verletzt also ein fundamentales Gesetz des Islam. Dennoch erfüllt sie eine notwendige Funktion in der Gesellschaft, denn irgendwo im öffentlichen Leben muß Sinnlichkeit offenbar werden, und Tänzerinnen geben dem Ausdruck.

Arbeitet eine Tänzerin in einem Nachtklub, haftet ihr immer ein gesellschaftlicher Makel an, sie mag noch so viel Beifall erhalten für ihr Können. Das hat nicht unbedingt damit zu tun, daß sie möglicherweise Prostituierte ist. Prostituierte bilden in nahöstlichen Ländern so etwas wie eine Kaste. In gewissem Sinn sind sie akzeptiert, aber für ihr Leben gezeichnet. Für eine ungebildete Frau sind Tanz und Prostitution bis heute in muslimischen Ländern zwei Arbeitsmöglichkeiten, bei denen sie einigermaßen gut verdienen kann. Allerdings wird noch immer angenommen, daß beides Hand in Hand geht; oder aber daß die Frau aus einem schlechten Milieu kommen muß, um überhaupt in der Öffentlichkeit aufzutreten. Das Ausmaß dieses Vorurteils wurde mir kürzlich klar: eine Engländerin, die mit einem Türken verheiratet ist, hatte zwei meiner Bauchtanzkurse in London besucht. Beim zweiten Mal erzählte sie beiläufig während des Mittagessens, daß ihr Mann glaubte, sie würde einen Fitness-Kurs besuchen.

Nach der letzten Stunde hatte sie ihrem Mann erzählt, daß sie Bauchtanzen gelernt hätte, und als Antwort hatte er sie geschlagen. Da beschloß sie, in Zukunft vorsichtshalber zu lügen.

Eine Freundin von mir, die aus einem muslimischen Land stammt und in London bauchtanzt, hat ihre Eltern davon nicht unterrichtet. Ihre Familie schickte sie als Kind zum Ballettunterricht und hielt sie von armen Kindern fern. »Ich hätte lieber mit ihnen Bauchtanz getanzt«, sagt sie jetzt. Als Erwachsene sah sie, was eine Frau im Leben unter dem Islam erwartete, verließ ihr Zuhause, sagte ihren Eltern, sie fahre in Ferien und ging heimlich ins Ausland.

»Ich kann ihnen nicht am Telefon oder in einem Brief sagen, daß ich Bauchtänzerin bin«, sagt sie, »Sie würden es nicht verstehen. Ich muß sie persönlich sehen, mich mit ihnen hinsetzen und erklären, daß es anders sein kann, daß ich keine Prostituierte geworden bin.«

Daß eine Frau Bauchtanz um seiner selbst willen genießen kann oder daß er ein Bedürfnis erfüllt, ist für einen muslimischen Mann schwer zu verstehen. Um noch einmal meine Freundin zu zitieren: »Sie meinen, ich tue es nur, um eine Menge Geld zu verdienen, und daß ich mich sobald wie möglich zurückziehen werde. Sie verstehen nicht, daß ich Tanzen liebe!«

Mir ist oft gesagt worden, daß die Frauen im Nahen Osten jede Gelegenheit wahrnehmen, um privat zu tanzen. Mit den Worten einer Ägypterin: »In meinem Land sind die Frauen vom Bauchtanz besessen. Ich kannte einmal ein Mädchen, die sich immer im Bad einschloß, um zu tanzen! Weißt du, es gab einfach keinen Ort, wo sie

öffentlich tanzen und sich dabei wohlfühlen konnte, ohne sich zu schämen. Ganz
bestimmt braucht man in Ägypten solche Orte.«

Arabische Spielfilme bezeugen die Beliebtheit von Bauchtanz im Nahen Osten. Sie
vermitteln einen faszinierenden Einblick in die Rolle, die Tänzerinnen von der Gesellschaft zugewiesen wird, und sind ein guter Anzeiger für öffentliche Moral und
Sehnsüchte. Die ägyptische Filmindustrie produziert etwa zweihundert Dokumen-
tarfilme und fünfzig Spielfilme pro Jahr, die sie in andere Länder des Nahen Ostens
exportiert. Bei den Spielfilmen handelt es sich oft um Musicals, die stark vom Ro-
mantizismus Hollywoods beeinflußt sind. Manchmal basieren sie auf realen Vorbil-
dern, wie zum Beispiel auf dem Leben von El Mahdeyya, einer bekannten Tänzerin
zu Anfang des zwanzigsten Jahrhunderts. El Mahdeyya wurde reich und berühmt,
war die Freundin von Politikern und eine umstrittene Figur. Sie besaß eine so präch-
tige Kutsche, daß die königliche Familie Ägyptens verlautbaren ließ, daß sie sie als

Samia Gamal, eine der berühmtesten arabischen Tänzerinnen der 50er Jahre.

angemessenes Geschenk betrachten würde. Unseligerweise lehnte El Mahdeyya es
ab, sie herzuschenken, und löste damit einen Skandal aus. Diese Geschichte war ein
ideales Thema für einen Film, denn viele Kinogänger sind Männer und Frauen aus
der Arbeiterklasse.

Klassenkonflikte sind ein häufiges Motiv in arabischen Filmen. Die Handlung
dreht sich um arme Leute, die ihren sozialen Status dadurch zu heben versuchen,
daß sie mit Reichen Verbindungen eingehen. Ein Mann sucht der Armut zu entfliehen, indem er einer reichen Frau nachstellt. Oft hat er schon eine »gute« Frau aus
seiner eigenen Klasse verführt, und es ist wahrscheinlich, daß er am Ende zu ihr zu-
rückkehrt, wenn er entdeckt hat, daß Geld nicht alles ist. Manchmal nimmt sie ihn
wieder auf, und manchmal jagt sie ihn davon. Eine weibliche Hauptperson spielt eine weniger aktive Rolle bei ihrem eigenen Schicksal. Sie ist nicht rücksichtslos auf
Geld aus, sondern verliebt sich in einen Mann aus einem wohlhabenden Milieu. Ihre
Erlösung aus der Armut kommt als Belohnung für ihre Tugend, obgleich sie, wenn
sie Tänzerin ist, sich zu ihrer Rettung nicht allein auf Tugend verlassen kann, sondern eine Entschuldigung für ihren Beruf haben muß.

Die Produzenten sind sich der Beliebtheit des Bauchtanzes bewußt. Tänzerinnen
sind ein offensichtliches Identifikationsmodell für Frauen im Publikum, denn trotz
seiner moralischen Zweideutigkeit gibt der Beruf der Tänzerin einer Frau doch die
Möglichkeit, mit den oberen Schichten in Kontakt zu kommen und so möglicherweise ihren Status anzuheben. Aufgrund ihres symbolischen Wertes sind Bauchtänzerinnen daher oft Filmheldinnen. In den 30er und 40er Jahren, der Glanzzeit der
ägyptischen Filmindustrie, war die Nachfrage nach Tänzerinnen so groß, daß man
nicht genug Darstellerinnen finden konnte. Man löste das Problem, indem man
westliche Frauen in Nebenrollen beschäftigte, in denen sie etwas tanzen mußten. Ergebnis ist, daß in vielen Filmen aus dieser Zeit bei Nachtklubszenen seltsam unara-
bisch aussehende Frauen mit blonden Haaren zu sehen sind, die sich schüchtern im
Hintergrund hinter der Haupttänzerin drehen.

In ihrer Sexualmoral und ihren Arm-zu-reich-Handlungen ähneln die arabischen
Filme den frühen Hollywoodfilmen. Im realen Leben finden zwischen Männern
und Frauen vor der Ehe keine Intimbeziehungen statt, weshalb diese in einem Film
nicht zum Thema gemacht werden können. Stattdessen drehen sich viele arabische
Filme um die Geschichte einer romantischen, alles erobernden Liebe, im wirklichen
Leben eine ziemlich fernliegende Möglichkeit.

Der Film *Khali Balak Min Zouzou* (»Zum Beispiel Zouzou«) ist einer der wenigen
arabischen Filme, die davon ausgehen, daß es nicht prinzipiell beschämend ist,
Bauchtänzerin zu sein. Zouzou ist eine Studentin, die in der Tanztruppe ihrer Mutter tanzte, um sich das Studium zu verdienen. Sie hat diese erniedrigende Tatsache
vor ihren Freunden geheimgehalten und ist an einen Punkt gekommen, wo sie beschließt, das Tanzen ganz aufzugeben. Zur gleichen Zeit verliebt sie sich in einen

Tahia Carioca, beliebte arabische Tänzerin der 50er Jahre.

neuen Lektor an ihrem College. Sie sucht seine Bekanntschaft – eine ungewöhnliche Tat für eine traditionelle Heldin. Inzwischen ist eine der Frauen in der Truppe ihrer Mutter von ihrem Freund verlassen worden, weil sie Tänzerin ist, und Zouzou befürchtet, daß ihr das auch passiert. Die Verwicklung nimmt zu. Zouzous Freund löst seine Verlobung mit einer anderen Frau (eine vorbestimmte Ehe, die ihm von Anfang an mißfallen hat). Die verlassene Verlobte entdeckt Zouzous Geheimnis und beschließt, sich zu rächen. Im Haus des Freundes wird eine Hochzeit gefeiert, und die verlassene Verlobte arrangiert, daß Zouzous Mutter mit ihrer Truppe für die Unterhaltung sorgen soll, wovon allerdings unsere Heldin nichts erfährt.

Während all dies geschieht, findet bei Zouzou zuhause große Seelenerforschung statt. Sie gibt zu, daß sie ihre Arbeit mit der Truppe liebt, und sagt zu ihrer Mutter: »Früher saß ich immer zu deinen Füßen und sah dir beim Tanzen zu. Du warst so schön.« Ihre bestürzte Mutter fragt: »Was passiert mit uns? Warum sollten wir uns schämen für das, was wir tun?« und Zouzou antwortet, daß es nicht ihre Schuld sei, daß andere Leute für den schlechten Ruf der Tänzerinnen verantwortlich seien. Um die Botschaft zu verstärken, entdeckt ein männlicher Freund von Zouzou ihr verborgenes Leben und sagt zu ihr: »Du bist eine Künstlerin. Es ist nichts Verwerfliches an dem, was du tust.«

Der Tag der Hochzeit kommt heran. Zouzou – die von ihrem Freund als Gast geladen wurde – dreht sich um und sieht, wie die Truppe ihrer Mutter den Raum betritt. Nach einem Augenblick großer Verwirrung begreifen alle den Zusammenhang zwischen Zouzou und den Tänzerinnen. Ihre Mutter erfaßt die Situation mit einem Blick und ist so gedemütigt um ihrer Tochter willen, daß sie innehält. Zouzou ist einen Moment lang bestürzt, dann meistert sie die Situation, bindet sich einen Schal um die Hüften und tritt anstelle ihrer Mutter auf. Sie beginnt, wild entschlossen zu tanzen, dann, als sie sicherer wird, wird sie stolzer und glücklicher und liefert schließlich eine würdevolle Verteidigung ihrer Kunst.

Als dieser Film im Libanon gezeigt wurde, erregte er ziemliches Aufsehen. Zum ersten Mal wurde Bauchtanz um seiner selbst willen als akzeptabel dargestellt. Daß Frauen aus Freude daran tanzen und sogar ohne Scham professionell auftreten könnten, war eine beunruhigende Vorstellung. Außerdem vermittelte der Film, daß Armut sich nicht im Charakter widerspiegeln muß. Viele Frauen aus dem Publikum sprangen auf und begannen zu klatschen, und es ist eine schöne Vorstellung, daß vielleicht einige von ihnen in den Gängen tanzten. Jedenfalls ist ein Film wie *Khali Balak Min Zouzou* eine Seltenheit.

Heute hat eine neuerliche Würdigung der Volkskultur im Nahen Osten den Status des Tanzes im allgemeinen verändert. Was wir als Volkstanz bezeichnen würden (im Arabischen und Türkischen gibt es kein Wort dafür), ist im Nahen Osten immer annehmbar gewesen und ist besonders in ländlichen Gegenden eine Tradition des Gemeinschaftslebens. Dort kann eine Tänzerin in der Familie bleiben und auftreten, und nach und nach wird sie sogar geachtet, wenn sie durch Vorführungen dieser Art von Tanz ihren Lebensunterhalt verdient. Kabarettänzerinnen werden manchen

Aussagen zufolge ebenfalls mit weniger Mißbilligung betrachtet, doch diese Auffassung ist nicht weit verbreitet. Eine Volkstänzerin macht sich für ihre Arbeit körperlich attraktiv, da ihrer Kunst aber die offensichtliche Erotik des Bauchtanzes abgeht, ist sie akzeptabler. Der Unterschied mag sehr fein sein, aber er ist wichtig.

Abseits von den Städten hat der Tanz seinen Platz im Leben der Gemeinschaft niemals verloren. Bis heute bewahren der Nahe Osten und Nordafrika eine reiche Tanztradition, zu der spirituelle Trance-Tänze und Rituale zur Krankheitsbekämpfung ebenso gehören wie reine Unterhaltung. Bei den marokkanischen Berbern ist der Tanz noch besonders lebendig. Sie verbringen die Zeit mit improvisiertem Singen und Tanzen, ebenso unbewußt wie wir nach einer Zeitung greifen oder das Fernsehen einschalten.

Am Anfang dieses Buches habe ich den Tanz der marokkanischen *Chikhat* beschrieben, die man als Äquivalent der alten ägyptischen *Ghawazi* bezeichnen könnte. Der Abend nach meinem Besuch in ihrem Lager war mein letzter in Marokko, und ich ging noch einmal hin. Ich hoffte, die Frau im weißen Kleid zu sehen, die in der vorausgegangenen Nacht eine so eindrucksvolle Vorstellung gegeben hatte, aber sie war nicht da. Jemand sagte mir, sie sei müde. Als ich nach ihrem Namen fragte, wußte ihn keiner. Sogar der für die Kompanie verantwortliche Mann schüttelte den Kopf und zuckte mit den Schultern. Sie ist eine von hundert, schien diese Bewegung zu sagen, sie ist doch nichts Besonderes. Schließlich ist sie nur eine von den *Chikhat*.

Es ist schwierig, etwas über das Leben dieser Frauen zu erfahren. Als Tänzerinnen steht es den *Chikhat* frei, nach Belieben umherzureisen, und sie können dabei viel Geld verdienen. Doch viele geben alles, was sie verdienen, aus, und noch relativ jung betrachtet man sie schon als dem Haupttanzalter entwachsen. Diese Frauen beenden dann ihr Leben womöglich auf der Straße mit Betteln an den Busstationen. Die Umsichtigeren unter ihnen denken an die Zukunft und investieren ihr Geld in ein Unternehmen oder machen selbst eine Truppe auf. Auch eine ehrbare muslimische Frau, die einen armen Mann geheiratet hat, muß sich unter Umständen prostituieren, um das Einkommen ihres Mannes aufzubessern, und wenn er stirbt, läßt er sie vielleicht ganz mittellos zurück. Die *Chikhat* haben zumindest die Sicherheit eines unabhängigen Einkommens. Letztendlich glaube ich nicht, daß ihr Leben in irgendeiner Weise prekärer ist als das der muslimischen Frauen im allgemeinen.

Arabische Tänzerinnnen: die Jamal-Zwillinge im typischen Variété-Kostüm.

NEUNTES KAPITEL

Ein Rubin im Nabel

In einem türkischen Restaurant in London sah ich einmal eine Fernsehaufzeichnung einer algerischen Tänzerin in einem glitzernden roten Kleid, die über eine Stunde lang tanzte. Sie machte weiter, bis ihr Haar naß und glatt herunterhing; sie flirtete leichtherzig mit ihrem Publikum und löste damit schallendes Gelächter und tosenden Beifall aus, in dem die Musik praktisch unterging. Dann kniete sie nieder und schüttelte ihren Kopf, so daß ihr Haar peitschende Kreise vollführte. Gleitend richtete sie ihren Rücken auf und ließ jeden Muskel ihres Körpers erzittern.

Der Besitzer des Restaurants saß neben mir und schaute zu. »Da!« schrie er triumphierend, so hingerissen von der knisternden Spannung ihrer Vorführung, daß er seinen Wein umstieß. »Da! Das nenne ich eine Bauchtänzerin!«

Im Westen kennen die meisten Leute den Bauchtanz nur so, in seiner Kabarettform, aber grundsätzlich ist er eine Volkskunst, obwohl er Teil des Showbusiness geworden ist. Das Kabarett liefert nur einen möglichen Rahmen dafür.

Der Bauchtanz in Lokalen hat sich im Nahen Osten wie im Westen ähnlich entwickelt und hat, um den Erfordernissen dieses im wesentlichen westlichen Milieus zu entsprechen, das Repertoire der Tanzschritte erweitert und das Kostüm verändert. Die bekanntesten nahöstlichen Tänzerinnen geben ihre eigene Musik in Auftrag und choreographieren ihre Vorstellung vorher in allen Einzelheiten. Eine Kabarettvorstellung, die im allgemeinen zwanzig Minuten dauert, ist so konzipiert, daß jeder Aspekt des Tanzes zur Geltung kommt. Eine Vorstellung endet üblicherweise damit, daß die Tänzerin von Tisch zu Tisch geht, mit ihren Bewegungen nacheinander verschiedene Zuschauer direkt anspricht und dabei erwartet, Trinkgeld zu erhalten.

Die Atmosphäre ist in diesem Milieu ganz anders als in einem informellen Rahmen. Dort wird sich die Tänzerin vielleicht bei der Interpretation der Musik auf wenige Schritte konzentrieren, zu denen sie endlose Variationen erfindet. Außerdem wird die Intimität noch gesteigert, da die Zuschauer sich untereinander kennen; sie haben vielleicht gerade zusammen gegessen und ihr Brot in die gleiche, in der Mitte stehende Schüssel getaucht, und in einer entspannten, freundlichen Atmosphäre hat es eine Tänzerin natürlich leichter. Außerdem tanzt sie auf begrenztem Raum, anders als eine Kabarettänzerin, die ihr Können einsetzt, um die Anonymität zu überwinden, die es erschwert, wirkungsvoll aufzutreten. Ihr Kostüm muß glitzernder sein wegen der schwachen Beleuchtung; sie muß ein größeres Schrittrepertoire zeigen, da – zumindest im Westen – ihr Publikum vielleicht nie zuvor eine Bauchtänzerin gesehen hat und an ständige Abwechslung bei einem Tanz oder einem Musikstück gewöhnt ist.

Bauchtanz als Kabarett ist vor allem in Ägypten erfolgreich, wo der kulturelle Einfluß des Westens am längsten besteht. Das erste ägyptische Kabarett, die Casino Opera, wurde in den späten 20er Jahren von Badia Masabni in Kairo gegründet. Ihr Tanzstil wich in mehrfacher Hinsicht von der Tradition ab. Erstens benutzte sie Kopf, Schultern und Arme ebenso wie ihre Hüften, also den oberen Teil des Körpers, der bisher beim Bauchtanz eine mindere Rolle gespielt hatte und im nahöstlichen Tanz noch immer ziemlich unwichtig ist. Davor waren die Frauen in einem begrenzten Raum aufgetreten, was sie dazu zwang, sich kaum vom Fleck zu rühren, und demzufolge entwickelten sie eine Kunst intensiver und subtiler Muskelbewegungen, die mehr oder weniger immer am selben Ort ausgeführt wurden. Masabni beschloß, den Spielraum des Tanzes zu erweitern und baute eine große Bühne, die es den Tänzerinnen ermöglichte, sich freier zu bewegen. Außerdem dachte sie sich Tänze aus, die neben tänzerischem Können auch beträchtliche Kraft erforderten. Bei einem davon wurde während des Auftritts ein schwerer goldener Leuchter mit drei Fuß hohen Reihen brennender Kerzen, die aus offenen Haltern tropften, auf dem Kopf balanciert. In der heutigen Version dieses Tanzes wird der Leuchter an einer Kappe befestigt, damit die Tänzerin es leichter hat. Ich habe Variationen zu diesem Thema gesehen; eine auf einer Hochzeit, wo ein Tablett benutzt wurde, auf dem eine silberne Teekanne und zwölf Gläser mit Pfefferminztee standen, eine brennende Kerze in jedem Glas. Die Tänzerin ließ sich zu Boden sinken, glitt vorwärts und beugte sich herunter, bis ihr Kinn ihr ausgestrecktes Bein berührte. Dann rollte sie auf den Bauch und schüttelte ihre Hüften unter der gespannten Aufmerksamkeit aller im Raum Anwesenden. Auch wenn ein leichtes Tablett auf dem Kopf balanciert wird, sieht dieser Tanz schwierig aus. Wie muß er erst mit einem massiven, goldenen Kerzenleuchter gewirkt haben!

Masabni machte eine Tanzschule auf, und wenn sie fand, eine ihrer Schülerinnen könne nun auftreten, empfahl sie sie für private Feste; dies wurde als höchste Ehre für eine Tänzerin betrachtet. Tahia Carioca und Samia Gamal, die beide bei ihr lernten, zählten später zu den berühmtesten Tänzerinnen der arabischen Welt.

Von Masabni beeinflußt begannen die Tänzerinnen, ihren Stil zu verändern. Sie suchten den Klischees zu entgehen, die Bauchtanz für Besucher aus Übersee so lä-

cherlich machten, insbesondere was den beträchtlichen Körperumfang der Tänzerinnen betraf. In der Vergangenheit hielt man einen vorstehenden Bauch für wesentlich, um bestimmte Bewegungen vorführen zu können. Jetzt aber begannen die Tänzerinnen, ihr Übergewicht zu verringern und ihr Augenmerk teilweise auf das ästhetische Schönheitsideal des Westens zu richten.

Badia Masabni entwickelte den Bauchtanz als Kabarettunterhaltung und gab ihm
einen neuen Stil. Dennoch ist er im wesentlichen eine Improvisationskunst geblieben, die mehr auf individuellem Können und Kreativität als auf präziser Choreogra-
phie basiert (obgleich eine Kabarettänzerin dazu neigt, einem vertrauten Schrittmu-
ster zu folgen). Der Tanz ist nie für so bedeutend gehalten worden, daß man ihn formalisiert hätte, denn seine Geschichte ist zu sehr von Zensur und Verbot geprägt.

Jede Kabarettbauchtänzerin ist sich, auch wenn sie seine Geschichte nicht kennt,
heute bewußt, daß dem Tanz ein Makel anhaftet, und manche pflegen zum Aus-
gleich ein Image übertriebener Wohlanständigkeit. Das führt zuweilen zu bizarren
Äußerungen seitens der Tänzerinnen, die besorgt ihren guten Charakter unter Be-
weis stellen wollen. Als sie (durch ihren Dolmetscher) für eine Londoner Tageszei-
tung interviewt wurde, gab sich eine zweiundzwanzigjährige türkische Tänzerin solche Mühe zu beweisen, daß weder sie noch ihre Kunst in irgendeiner Weise billig sei-
en, daß sie behauptete, sie sei noch nie mit einem Mann ausgegangen und über Sex
wisse sie überhaupt nichts. Eine solche Behauptung ist verständlich, doch gibt sie
den Tanz und seine Exponenten nur der Lächerlichkeit preis.

Diese Abspaltung des Körpers kann extreme Ausmaße annehmen. Eine englische
Tänzerin, die ich sehr schätze, hat immer behauptet: »Das Gesicht ist wichtig. Das
Gesicht und ein nettes Lächeln.« Keine noch so lange Diskussion über dieses Thema
vermag sie davon zu überzeugen, daß dies eine verstiegene Behauptung ist, wenn
man in Betracht zieht, daß die Kunst, über die wir sprechen, mehr als jede andere,
Bewegungen des Rumpfes und des Beckens hervorhebt.

Eine andere Tänzerin erzählte mir, daß sie eine Kollegin wegen einer bestimmten
Bewegung mit den Worten zurechtgewiesen hatte: »Verschaffe dem Bauchtanz keinen schlechten Ruf. Halte ihn sauber.« Dennoch fährt die gleiche Tänzerin frohge-
mut damit fort, ihren Rock über die Köpfe ihrer Kunden zu drapieren und ihre Brüste ein paar Zentimeter vor ihren Nasen zu schütteln als Teil ihrer eigenen Vorstellung.

Manche Frauen spielen die Erotik herunter in dem aufrichtigen Versuch, ernstge-
nommen zu werden, indem sie ihre Vorstellungen von überflüssigen traditionellen
Bewegungen säubern, damit sie den westlichen Standards künstlerischer Vollkom-
menheit entsprechen. Dies kann bedeuten, daß die Arbeit mit Schleiern, mit ihrem
Haremsbeigeschmack, wegfällt, und ebenso die Arbeit auf dem Boden, die manche
für »suggestiv« halten. Doch welche Qualität die Bewegungen vermitteln, hängt von
der Tänzerin ab. Ihre Interpretation und ihr Können machen die Bewegungen erotisch und nicht nur oberflächlich »sexy«. Ihre Selbsteinschätzung als Frau schafft einen Tanz, der Ausdruck von Stolz ist und nicht nur eine Form von Kitzel.

Indische *Nautch*-Tänzerin, von E.L.Week; sie zeigt den Einfluß des indischen Tanzkostüm

...uf die nahöstliche Variété-Kleidung.

Erotik ist in unserer Gesellschaft so abgewertet worden, daß ihre Konnotate sich oft ins Negative verkehrt haben, und die Tanzkunst neigte in der Vergangenheit dazu, sie zu verwischen und fernzuhalten. Das klassische Ballett zum Beispiel läutert Erotik zu romantischer Liebe, manchmal mit erheiternden Resultaten. Charles Leland stellte Ende des neunzehnten Jahrhunderts folgenden amüsanten Vergleich zwischen Ballett und Bauchtanz an: »Ich habe Bauchtanz gesehen, der gerade so unschicklich, aber nicht so ekelhaft sentimental gemacht war wie in jedem Opernhaus Europas, wo die Ballerina rückwärts in die Arme des männlichen Partners fällt und ihn mit lüsternem Lächeln beäugt, während sie ein Bein auf die Galerie hebt.«[57] In einem anderen der überwiegend von Männern verfaßten Berichte über Bauchtanz wird die Kunst als »eine Pantomime von Liebesbeziehungen« beschrieben.

Doch wie reagieren die Frauen? Nahöstliche Frauen, die ihre Männer in Klubs und Restaurants begleiten, sind oft so hingerissen vom Tanz, daß sie aufstehen und auf der Bühne mitmachen. Ganz anders als ihre westlichen Geschlechtsgenossinnen – die in einer ähnlichen Situation eher verlegen werden – lieben sie es, zu sehen, wenn eine Frau ihre Sexualität ausdrückt. »Aber der Tanz ist jetzt nicht mehr so gut«, sagte mir eine ägyptische Frau mittleren Alters, und als ich sie nach dem Grund fragte, sprühten ihre Augen. »Oh«, murmelte sie, »früher war er immer so sexy!« Der heutige Kabarettanz versucht im wesentlichen, verwirrte Einstellungen zu Sexualität und Frauen in Einklang zu bringen. Das Ergebnis ist ein unbehaglicher Kompromiß, bei dem der Zauber des Originals gewöhnlich abhandenkommt.

Das kann man auch vom Kabarettkostüm sagen, das auf der Kleidung der indischen *Nautch*-Tänzerinnen beruht. Diese trugen einen voluminösen, auf den Hüften aufliegenden Rock und ein flitterbesetztes *Chuli* oder Mieder, das so geschnitten war, daß es die Zwerchfellpartie unter durchsichtigen Schleiern freiließ. Manchmal wurde das *Chuli* weggelassen, und die Brüste der Tänzerin wurden unter dem Musselin sichtbar. In Amerika und Europa wurde dieses Kostüm von Varietékünstlern und Tingeltangelartisten so adaptiert, daß es dem kommerziellen Geschmack ihres Milieus entsprach, und dann in einer Form an den Nahen Osten zurückverkauft, die selten noch den Charme des Originals besitzt, da es hauptsächlich Arbeitgeber ansprechen muß, die verlangen, daß ihre weiblichen Darsteller in erster Linie sexy sind und nur nebenbei, wenn überhaupt, gute Tänzerinnen.

Arabische Tänzerinnen in Ägypten sind heute gesetzlich verpflichtet, ihren Nabel zu bedecken; eine Auflage, die während Präsident Nassers Regierungszeit in den 50er Jahren gemacht wurde. Damals kam der arabische Nationalismus auf und führte zu einer Neubewertung der arabischen Kultur. Bauchtänzerinnen, die ihre Körper frei vor fremden Besuchern enthüllten, galten als schlechte Reklame für die Würde der muslimischen Frauen. Hinfort wurde von jeder Tänzerin, die der arabischen Nation angehörte, verlangt, ein züchtigeres Kostüm zu tragen. Allerdings haben die Tänzerinnen dieses Gesetz umgangen, indem sie einfach die Zwerchfellgegend mit einem dünnen Netztrikot bedeckten; ein Kostümbestandteil, der manchmal noch weiter auf einen dünnen Stoffstreifen reduziert wird. Diagonal vom Mieder zur Hüfte verlaufend, bedeckt er strategisch den Nabel *en route*. Hollywoods Rubin-im-Nabel fällt in die gleiche Ära und ist ebenfalls eine Form von Zensur, bei der der Bauchnabel in das große Pantheon der »unzüchtigen« Körperteile einging, von jenen verfügt, die sich gern mit solchen Angelegenheiten beschäftigen.

Ägyptische Tänzerinnen bedecken heute weiterhin ihren Nabel, stellen aber viel von ihren Brüsten und Beinen zur Schau, letztere durch hüfthohe Schlitze in ihren Röcken. Nacktes Fleisch, glitzernde Münzen und wogende Fransen ziehen eindeutig die Aufmerksamkeit auf sich. Das Publikum ist an diese Art von Kostüm gewöhnt: an allen, vom Chorgirl bis zur Stripperin. Es baut Erwartungen auf, die für eine Tänzerin, die nicht als Puppe, sondern für ihre Darbietung Beifall will, nicht hilfreich sind. Manche Frauen finden dieses Kostüm auf Phantasieebene anziehend, während andere dadurch ganz vom Tanz abgehalten werden. Sie nehmen an, daß das Kostüm bereits Ausdruck des Tanzes ist, und sehen nicht, daß es nur den Glamourschönheitsbegriff des Showbusiness ausdrückt.

Dem westlich beeinflußten Kostüm den Vorzug gebend, haben die Kabarettänzerinnen eine Vielfalt phantasievoller Kleider verschmäht, die auf den Volkstanzbühnen nahöstlicher Städte bis heute zu sehen sind. Das einfachste Kleid für Volkstanz – bzw. *Beledi* – ist ein fessellanges Baumwollhemd mit weiten Ärmeln, das seitlich geschlitzt ist, um größere Bewegungsfreiheit zu lassen. Das syrische *Beledi*-Kleid ist an Halsausschnitt, Bündchen und Saum reich mit solidem rot-schwarzem Kreuzstich bestickt. Die Kabarettversion besteht gewöhnlich aus leuchtend eingefärbtem, mit metallischen Fäden durchzogenem Material. Im Gegensatz zu den Kabarettänzerinnen bedecken Volkstanztänzerinnen im allgemeinen ihren Kopf. Auf Souks oder Märkten kann man dreieckige, mit Troddeln und Silberplättchen gesäumte Tücher finden, alltägliche Kleidungsstücke, die manche Tänzerinnen über den Kopf gebreitet tragen, die Enden zu einer Schnur gedreht und oben verknotet; andere winden sich lange geflochtene Kordeln aus bunter Wolle um den Kopf. Diese Kordeln enden in Troddeln oder Pompons, die man den Rücken hinabhängen läßt und die sonst für Kamelnacken bestimmt sind. Selbstverständlich benutzen Kabarettänzerinnen etwas anderes als Kamelschnüre für ihren Kopfputz; normalerweise paßt er zum Material ihres Kleides und wird mit goldenen Bändern oder einem Münzenbesatz befestigt. Die libanesische Caracalla-Truppe hat traditionelle Kleidung für das Theater adaptiert. Eines ihrer typischen Kostüme besteht aus einem bestickten Trikot und gemusterten Haremshosen. Diese voluminösen Hosen kamen ursprünglich aus der Türkei und waren gewöhnlich aus schwerer gestreifter Seide oder aus mit silbernen Knöpfchen besticktem Chiffon.

Man kann Haremshosen und das *Beledi*-Kleid in Kabaretts sehen, aber verzierten Büstenhaltern und geschlitzten Röcken wird der Vorzug gegeben. Manche Klub- und Restaurantinhaber verlangen sogar von einer Tänzerin, daß sie ihre Beine vorzeigt.

Eine Tänzerin aus meiner Bekanntschaft wurde von einer Kollegin gefragt, ob sie »etwas zu verbergen« habe, als sie sich weigerte, geschlitzte Röcke zu tragen, und

Die englische Tänzerin Cathy Selford (»Vashti«) in der Variété-Adaption eines Beduinenkostüms mit Münzengürtel.

Die Ähnlichkeit des Kostüms mit dem der türkischen *Çengi* fällt sofort ins Auge.

man sagte ihr, sie solle ihren Tanz »sexyer« gestalten. Sie lachte: »Ich habe es als Kompliment betrachtet, als sie sagten, ich sei nicht sexy genug. Meiner Ansicht nach geht es beim Bauchtanz nicht darum.« In der Tat demonstriert jede Bauchtänzerin durch ihre Vorführung, deutlicher als sie es je in Worten tun könnte, ihre Gefühle gegenüber Männern, Frauen und ihrer eigenen Sexualität. Durch die Art ihres Kostüms, durch ihre Annäherung an ihr Publikum und durch die Bewegungen dieses sinnlichsten aller Tänze selbst macht sie deutlich, ob sie ihre Sinnlichkeit genießt oder ob sie ihren Körper als feilgebotene Ware betrachtet.

Das Volkstanzkostüm ist eine Tradition, die das Kabarett zu seinem Schaden aufgegeben hat, die Tradition des Trinkgeldes hingegen hat es aufrechterhalten. Bei allen Arten von Festlichkeiten wird Geld gegeben, um eine gute Tänzerin anzufeuern; Geld, das aus freien Stücken gegeben und nicht erzwungen wird. Beim Kabarett hat es eine Rolle, die die Tänzerin fast zur Bettlerin macht. Geschäftsführer von Nachtklubs und Restaurants benutzen das Trinkgeld als Ausrede, um niedrige Löhne zu zahlen und schieben der Tänzerin die Verantwortung zu, sich ihr eigenes Gehalt sichern zu müssen. Außerdem wird von ihr erwartet, daß sie zur Bezahlung der Musiker beiträgt, indem sie ihnen einen Teil ihres Trinkgeldes abgibt. Rundum werden Erwartungen aufgebaut. Wenn sie auf einen Kunden zutanzt, und er sich weigert, sie zu bezahlen, ist es beschämend für ihn, nicht für sie. Sie ist also von der Gutwilligkeit und Freigebigkeit ihres Publikums abhängig, was natürlich ihre Art zu tanzen beeinträchtigt. Sie muß ihm so gut gefallen, daß es ihr Geld gibt und überdies den oft überhöhten Preis für das Essen bezahlt.

Heimwehgeplagte Araber machen das Trinkgeldritual zu einem Teil der Unterhaltung. Einmal sah ich in London einen Mann auf die Bühne klettern, zeremoniell Zehn-Pfund-Scheine aus einem dicken Bündel ziehen und sie unter die Musiker verteilen. Am Schluß steckte er der Tänzerin ein Bündel Banknoten in das Mieder. Eine amerikanische, in Paris auftretende Tänzerin erzählt, daß eines Abends ein begeisterter Kunde Hundert-Franc-Scheine in ihr fessellanges Haar band, womit er den Ablauf zehn Minuten aufhielt. In Ländern wie dem Libanon ist es nicht unüblich, daß eine Tänzerin mit Champagner begossen wird, doch ist dieses berauschende Geschenk nicht immer so spontan gemeint wie es aussieht, denn ein Mann, der Champagner über eine Tänzerin gießt, nimmt unter Umständen stillschweigend an, daß er sie damit für den Abend gekauft hat.

Trinkgeld wurde gewöhnlich in das Stirnband gesteckt oder befeuchtet und an die Stirn geklebt. Heute steckt man es in Bund und Mieder der Tänzerin. Ein Mann, der nur seine Wertschätzung ihres Könnens bezeigen will, rollt seinen Schein eng zusammen und schiebt ihn unter ihren Schulterträger, wobei er es vermeidet, ihren Körper zu berühren. Andere allerdings lassen, von Freunden ermuntert, ihre Hände spielerisch in ihr Kostüm gleiten. Keine andere Tänzerin läßt zu, daß ihr Publikum sie auf solche Weise berührt. Jede Bauchtänzerin, die das akzeptiert, darf sich nicht wundern, wenn sie nicht respektiert wird. Allerdings wird großer Druck auf die Tänzerinnen ausgeübt, bei ihrem Auftritt das Trinkgeldgeben zu fördern, und die meisten sind schlau genug, zu begreifen, daß sie eine Menge Geld machen können, wenn sie die Kunden entsprechend umschmeicheln. Einige Geschäftsführer begreifen jedoch, daß es zu ihrem Vorteil ist, wenn sie einen realistischen Lohn zahlen, und eine Tänzerin, die sich weigert, auf Trinkgeld angewiesen zu sein, hat oft mehr Erfolg. Aber den meisten Tänzerinnen fehlt das nötige Selbstvertrauen, um ihre eigenen Bedingungen zu stellen und so nehmen sie fraglos an, was man ihnen bietet.

Die australische Tänzerin Jennifer Carmen weigert sich, niedrige Bezahlung zu akzeptieren. »Wenn mir jemand ein Trinkgeld geben will, ist es okay. Es kann eine sehr nette Geste sein, wenn es in einer bestimmten Weise gemacht wird. Aber ich werde dafür nicht an den Tischen herumgehen. Wenn du schlechte Bezahlung akzeptierst, heißt das nur, daß dein Arbeitgeber dich unterbewertet. Sie sind besorgter um dein Wohlergehen, wenn sie dir ein anständiges Gehalt zahlen müssen. Genausowenig setze ich mich mit Kunden zusammen und animiere sie zu Champagner, was manche Geschäftsführer in einer Vertragsklausel festlegen. Wenn einer von den Gästen mich interessiert und ich mit ihm reden will, das ist etwas anderes.« Die Herausforderung für sie ist, auf ihre Weise eine Beziehung zum Publikum herzustellen. Gute Interaktion mit den Zuschauern kann eine solche Spannung erzeugen, daß der Tanz bis in die frühen Morgenstunden weitergeht. Deshalb nehmen gute Tänzerinnen die späte Stunde und die harten Bedingungen des Kabarettlebens in Kauf.

Die Welt des Kabaretts stellt spezielle Anforderungen. Es ist ein Milieu, in dem das Verhältnis zum Publikum an erster Stelle steht. Eine Tänzerin ist ein Teil der Unterhaltung, neben Essen und Trinken. Wenn die Gäste sich nicht die Mühe machen, Messer und Gabel beiseite zu legen, um ihr zuzusehen, kann sie genauso gut nach Hause gehen.

Viele Araber in London besuchen orientalische Nachtklubs und sehen diese gewöhnlich eher als Treffpunkt denn als etwas, das ihre Kultur repräsentiert. Die Tänzerinnen können Europäerinnen oder Amerikanerinnen sein; die Kostüme sind westlich konzipiert; der Tanz selbst ist ein Gemisch. Ein Araber fühlt sich vielleicht geschmeichelt, daß westliche Frauen eine orientalische Kunst erlernt haben, oder er amüsiert sich über ihre Wertüberschätzung der Kultur seines Landes. Er kann von der westlichen Dekadenz fasziniert sein oder sie verachten. Manche Araber behaupten, Bauchtanz nicht zu mögen, drücken ihre Antipathie oder Gleichgültigkeit aber in einer Weise aus, daß man sich fragt, ob sie wirklich aufrichtig sind. Wegen des ambivalenten Status einer Tänzerin kann es ihnen wohl widerstreben, insbesondere einer Ausländerin gegenüber ihre wahren Gefühle zu äußern. Die verwestlichten Araber haben oft gelernt, Bauchtanz zu verachten, andere meiden ihn als ein Teil der Kultur der Arbeiterklasse. Doch manche strahlen, wenn die Rede darauf kommt.

Da die Kunst im Nahen Osten geschätzt wird, herrscht in den dortigen Kabaretts eine spannungsvollere Atmosphäre als im Westen; daß ein Publikum den Tanz liebt, bedeutet darüberhinaus, daß von der Frau erwartet wird, eine Tänzerin zu sein und sonst gar nichts. In Ägypten wird auch im billigsten Kabarett nicht von ihr erwartet, daß sie sich mit Kunden an den Tisch setzt; sie ist da, um aufzutreten, und ein Publikum, das den ganzen Abend schläfrig dasaß, wird aufhorchen, sobald ihre Musik anklingt.

Im Westen erwartet man andere Dinge. Eine Frau, die nicht sehr gut tanzen kann, aber bereit ist, sich zu den Kunden zu setzen, wird oft eingestellt und einer guten Tänzerin vorgezogen, die das nicht tut, denn Auf-den-Schoß-setzen verkauft sich gut, genau wie das Tragen eines »sexy« Kostüms.

Viele Tänzerinnen, denen ich begegnet bin, sind unglücklich über die Arbeitsbedingungen im Kabarett, doch sie begreifen nicht immer, daß sie selbst zu ihrer Ausbeutung beitragen, weil sie nicht protestieren. Sie sitzen einem Klischee von Weiblichkeit auf, das sie doch als Frau wie als Tänzerin einschränkt. Würden sie dieses Image infrage stellen, wären sie gezwungen, auch die Klischees zu hinterfragen, die sie selbst täglich verbreiten. Offen gesagt – die ausgezeichneten Tänzerinnen, die man in Bauchtanzkabaretts auch finden kann, ausgenommen – verkörpern diejenigen, die in diesem Milieu arbeiten, ein Frauenbild, das viele Frauen heute ablehnen. In einem solchen Kontext ist eine Tänzerin gezwungen, die Illusion ewiger Schönheit und Willfährigkeit aufrechtzuerhalten. Als Spielzeug ist sie keine Herausforderung, keine Bedrohung. In dem Versuch zu gefallen, modifiziert sie oft ihren Tanz, der dadurch seine tiefere sinnliche Ausdruckskraft verliert und bloß »sexy« und oberflächlich glitzernd wird. Die Lösung liegt schließlich bei der Tänzerin, die keineswegs ein Opfer ist.

Wie bekannt, ist Bauchtanz historisch gesehen eine niedere Arbeit. Beginnt eine westliche Frau mit diesem Beruf, ist sie mit einem zusätzlichen Risiko konfrontiert, denn sie arbeitet weitgehend mit Männern aus dem muslimischen Kulturkreis, und deren Meinung von westlichen Frauen ist sehr komplex. Aus den Ländern stammend, die den Orient kolonisierten, sind westliche Frauen hochgeschätzt, werden aber als unerreichbar betrachtet. Die sexuelle Freiheit, die wir gewöhnt sind, wird von vielen Moslems als Bedrohung angesehen, und sie kompensieren das Unterlegenheitsgefühl, indem sie scheinbare Verachtung an den Tag legen für das, was sie für »loses« Betragen halten.

Weiß man im voraus um die Risiken im Showgeschäft, kann man sie vielleicht neutralisieren. Aber in diesem Milieu zu arbeiten beinhaltet, daß man sich durch ein Minenfeld von Mißverständnissen laviert. Unter solchen Umständen sind Flexibilität und Optimismus vonnöten, um sich die Liebe zum Tanzen zu erhalten.

In den Vereinigten Staaten arbeitet eine neue Generation von Tänzerinnen daran, das Ansehen ihrer Kunst zu verändern; mit interessanten Ergebnissen. Eine Frau berichtet, daß sie an Wochenenden in einem Restaurant zu tanzen pflegte. An den Abenden, an denen sie auftrat, war das Restaurant im allgemeinen voll, und manche Gäste kamen extra, um sie tanzen zu sehen. Trotzdem fand der Besitzer, daß ihr Kostüm nicht offenherzig genug sei, und als er verlangte, sie solle einen geschlitzten Rock tragen, ließ sie sich nicht auf einen Kompromiß ein, sondern ging. Der Besitzer fand eine Tänzerin, die seiner Forderung entgegenkam, aber sie tanzte nur mäßig und nach einer Weile gingen seine Kunden woanders hin.

Die Erfordernisse der Kaba-
rettwelt haben den Bauchtanz
in eine Sackgasse getrieben.
Unglücklicherweise, denn es
gibt im Westen ein Publikum
für den Tanz; aber es unterscheidet sich von dem Publikum, das nächtelang in teuren
Nachtklubs herumsitzt. Es
liegt nicht in meiner Absicht,
zu vermitteln, daß der Stan-
dard im Kabarett einheitlich
niedrig ist, denn auch in
Nachtklubs sind hervorragende Tänzerinnen zu sehen. Und
jeder, der ehrlich an Bauchtanz
interessiert ist, würde keinen
Augenblick zögern, seinen
Geldbeutel zu leeren und die
ganze Nacht aufzubleiben, um
die berühmtesten orientalischen Tänzerinnen, wie Nas-
rim Topkapi aus der Türkei
oder Nagua Fouad aus Ägypten zu sehen. Letztendlich
kommt es auf die eigene Vor-
liebe an, ob man Bauchtanz lieber im Kabarett oder im privaten Kreis sehen will. In letzte-
rem sitzt man meist auf Kissen
und teilt das Mahl mit den
Gastgebern; der Tanz kann
stundenlang andauern und
auch die Festatmosphäre kann
zum Vergnügen beitragen. Im
Kabarett wird Bauchtanz als
Showbusiness angeboten, was
man auf seine Weise genießen
kann. Im Nahen Osten kann
man in den Nachtklubs der
Städte Weingläser auf rollenden Bäuchen sehen und Tänze-

Nagua Fouad, eine der populärsten Tänzerinnen Ägyptens
seit 1970.

rinnen, die mit Wasserkrügen auf dem Kopf tanzen, und diese Darbietungen sind
weitgehend um ihrer selbst willen anziehend. Inzwischen gibt es in der Nähe der
Giza-Pyramiden ein Kabarettzelt namens Sahara City, wo man sehen kann, wie Tänzerinnen, die als *Ghawazi* vorgestellt werden, Tische mit den Zähnen hochheben
und andere atemberaubende, Kraft und Gewandtheit erfordernde Meisterstücke vorführen.

In *Meeting in the Middle East* berichtet Aisha Ali von ihrer Suche nach den echten
Ghawazi. Ihr Führer geht mit ihr die Muhammad Ali-Straße hinunter, legendärer
Lieblingsort der Kairoer *Ghawazi* in vergangenen Zeiten. Sie biegen in ein schmales
Gäßchen ein und kommen zu einem Gebäude, an dem unten etwas Erde beiseite ge-
räumt wurde, so daß ein enger Eingang freiliegt. Sie schlüpft in eine Höhle hinunter,
in der man gerade aufrecht stehen kann. Sie sieht zwei aneinander gekuschelte Affen.
Draußen schlägt deren Besitzer, ein Zigeuner, eine Trommel und einer der Affen
nimmt sie bei der Hand. Zusammen tanzen sie zum Klatschen des zweiten Affen.
Wieder draußen, fragt ihr Gefährte sie, ob ihr der Tanz gefallen habe, und sie bezahlt die Zigeuner und geht, ist amüsiert, aber ihrem Ziel nicht nähergekommen.
Wie sie später entdeckt, sind die echten *Ghawazi* in bescheidener Umgebung anzutreffen, weit weg von der Welt des Kabaretts, das aus Europa kommt und im wesentlichen eine westliche Form der Unterhaltung bleibt.

ZEHNTES KAPITEL

Die Musik des Nahen Ostens

In dem Film *Lawrence of Arabia* gibt es eine Szene, bei der sich Lawrences neu gebildete Beduinenarmee versammelt, um ihm durch die Wüste zu folgen. Auf einem fernen Hügel kommen die Frauen zusammen. Sich wie Raubvögel gegen den Himmel abhebend, grüßen sie die davonziehenden Männer mit einem gespenstischen, hohen Klageschrei.

Reisende, die im wirklichen Leben diesen Ton durch die Nacht klingen hörten und seinen Ursprung nicht kannten, berichteten, daß er nervenzermürbend sei. Sie verglichen ihn mit dem Wehgeschrei der *banshees** und dem Kriegsgeheul der Indianer. Nerval beschrieb ihn als »gellendes Glucksen mit unheimlich-verhängnisvoller Wirkung«. Als ich ihn das erste Mal vernahm, fand ich ihn den seltsamsten Laut, den eine menschliche Stimme je hervorgebracht hatte; ein nachhallender Schrei, gleich dem verlorenen Ruf eines Geschöpfes, das halb Vogel, halb Tier ist. Er ist als Heulen bzw. *zhagareet* bekannt und ist der Gruß der Frauen im Nahen Osten, wenn ihre Männer auf eine Reise gehen oder sie ihn wieder zu Hause willkommen heißen. Sie benutzen ihn auch, um eine Tänzerin anzufeuern. Er wird gemacht, indem man gleichmäßig einen hohen Ton ausstößt und zugleich die Zunge schnell gegen den oberen Gaumen schlägt.

Die menschliche Stimme war das erste Instrument, mit dem Tanz begleitet wurde, der ursprünglich kaum mehr als eine mimische Sprache war und erst später auch Rhythmus und differenzierte musikalische Begleitung einschloß. Frühe Gesänge waren zuweilen nach dem Ruf der Schäfer, dem Singen der Kameltreiber und dem Refrain bei rituellen Festen geformt. Noch heute begleiten sich die Frauen bei improvisierten Tanzvorführungen einfach mit monotonem Singen und Klatschen, und ihre

---

* Im irischen und schottischen Volksglauben todverkündender Geist in Gestalt einer wehklagenden Frau (A.d.Ü.)

Lieder, deren Verse immer und immer wieder wiederholt werden, haben eine klagende und hypnotische Melodie.

Die griechische *mousiké*, von der unser Wort abgeleitet ist, umfaßt die Kunst des Tanzes, des Gesangs und der Poesie und auch die der Melodie, die auf extra Instrumenten gespielt wird. *Mousiké* (so genannt nach den Musen, sieben Göttinnen poetischer Inspiration) wurde von den Griechen hoch geschätzt, ebenso von den alten Ägyptern; Zeugnisse ihrer Lieder sind in den Gräbern erhalten. Musik war lebenssteigernd; die passende Begleitung für Übergangsriten wie Zeremonien bei Tod und Wiedergeburt, schickte sie sich auch für fröhlichere festliche Anlässe im Leben. Bei den Arabern hatte sie ähnliche Bedeutung. Sie hatten verschiedene Arten von Musik für jeden Aspekt des Alltagslebens, und in jedem Haushalt hatte mindestens eine der Sklavinnen die Aufgabe zu singen, um ihren Meister zu ergötzen.

In vorislamischer Zeit waren professionelle Musiker hoch angesehen, und das blieb auch während des Aufstiegs des islamischen Kalifats im siebten Jahrhundert so, obgleich viele Mitglieder der Gesellschaft mit Mißfallen auf sie blickten. Orthodoxe Moslems hielten Musik für ein frivoles Vergnügen, das den Geist von dem entfernte, was Hauptquelle der Kontemplation sein sollte: die Weisheit des Propheten und der Aufbau einer starken muslimischen Gesellschaft. Für sie waren Musiker fast genauso verdammenswert wie Tänzerinnen, und dies hat bei manchen Leuten im Westen zu dem Glauben geführt, Musik selbst sei vom Islam verdammt worden. Nichts im Koran stützt diese Vorstellung; haben doch Koranlesungen eine musikalische Qualität und sind mehr als »Lesungen« in unserem Wortsinn. Sie werden von Männern vorgetragen, die speziell für diesen Zweck üben und die den vollen Gehalt ihrer Texte durch musikalische Mittel zum Tragen bringen: durch Variieren der Vortragsgeschwindigkeit, durch Betonen von Sätzen mittels bewußt eingesetzter Pausen und durch die Dehnung von Silben. Der fließende Refrain des Gebetsrufs ist selbst ein Lied, obgleich Koranlesungen niemals mit Musikinstrumenten begleitet werden.

Auf Arabisch und Türkisch gibt es beträchtliche Literatur über die Gesetzlichkeit oder Ungesetzlichkeit von Musik und Tanz in bezug auf Gottesverehrung. Die Sufi – eine mystische Sekte des Islams – benutzen beides bei ihrer Suche nach Kommunikation mit dem göttlichen Geist. Sie glauben, Musik symbolisiere unseren Existenzzustand, bevor wir von der Gottheit getrennt waren, und daß sie unsere Seele in einen ekstatischen Zustand versetze. Daran kann man sehen, daß Musik im muslimischen Ritus eine gewisse Rolle spielt. Diejenigen, die sie weiterhin verdammen, tun dies unter zwei Gesichtspunkten. Der erste gleicht dem Grund, dessenthalben Tänzerinnen traditionell verachtet werden, nämlich daß Musik eine Kunst der Armen ist, ein niederer Beruf (allerdings nicht so niedrig wie Tanzen). Eine ägyptische Grabmalerei illustriert diesen Statusunterschied. Die tanzenden Mädchen sind nackt und in realistischen Posen dargestellt, was nicht der Fall gewesen wäre, hätten sie hohes gesellschaftliches Ansehen genossen. Die Musikerinnen links – anders als ihre Künstlerkolleginnen – sind ganz in Gewändern aus gefälteltem Leinen gezeigt. Die Tatsache, daß sie bekleidet sind, deutet wiederum auf ihre gesellschaftliche Überlegenheit hin. Die umgestülpten Kegel auf den Köpfen der Musikerinnen waren aus parfümiertem Wachs. Wenn die Hitze zunahm, schmolzen diese Kegel, und das warme, duftende Wachs rann den Frauen über Kopf und Schultern.

Außerdem wurde Musik – wie im puritanischen England – wegen ihrer sinnlichen Natur verdammt. Eine so mächtige Kunst konnte die Leute sehr wohl ihre Selbstbeherrschung verlieren und sie sich allen möglichen »unmoralischen« Praktiken hingeben lassen. E.W.Lane berichtet, daß man im Ägypten des neunzehnten Jahrhunderts den Musikerinnen, die die *almehs* auf privaten Festen begleiteten, Brandy und andere Alkoholika zu trinken gab und daß sie als »lasterhaft« bekannt waren. Noch heute sind manche Leute im arabisch-islamischen Raum entsetzt, wenn ihr Sohn ihnen mitteilt, daß er Musiker werden will. Kürzlich hörte ich von einem jungen Ägypter, der klassischer Geiger werden will, und dessen Mutter zu ihm sagte: »Wenn du damit weitermachst, wird deine Schwester nie einen Mann finden.«

Ägyptische Grabmalerei der achtzehnten Dynastie: Musikantinnen und Tänzerinnen auf einem Fest.

Aber in den meisten muslimischen Ländern erfreut man sich offen an Musik. Ihre Bedeutung im gesellschaftlichen Leben ist noch immer am besten in den *Tausend und einen Nächten* ausgedrückt, in denen erzählt wird, daß Musik für manche Leute Fleisch, für andere Medizin sei. Für arabische Ärzte des Mittelalters war sie Medizin im Wortsinn. Sie benutzten sie zur Behandlung bestimmter Geistesverwirrungen, und noch heute wird ein Tanz namens *zar* im arabisch-islamischen Raum zu therapeutischen Zwecken benutzt. Der *zar* wird mit machtvollen Rhythmen begleitet und endet in Trance oder Erschöpfung seitens des Tänzers bzw. »Patienten«.

Im Alltag ist improvisiertes Musikmachen allgemein verbreitet und kann Stunden dauern, wobei der Reihe nach jeder Spieler improvisiert. Wenn diese Sitzungen die ganze Nacht dauern, schlafen alle im selben Raum auf niederen Diwans oder draußen unter den Sternen, denn die Musik hat sie so zusammengeführt, daß es undenkbar wäre, zum Schlafen nach Hause zu gehen. Heute sieht man üblicherweise mehr Männer als Frauen auf diese Weise Musik machen. Ähnlich haben auch die kunstfertigen Musikerinnen der Pharaonischen Zeit und die *almehs*, die zwischen dem neunten und dem achtzehnten Jahrhundert ihre Blütezeit hatten, jetzt männlichen Instrumentalisten Platz gemacht und heutige Berufstänzerinnen werden selten von Musikerinnen begleitet.

In früherer Zeit, als Tanz eine Kunst der Gestik ohne allzuviel Fortbewegung war, bedurfte er keiner komplexen musikalischen Begleitung. Die Entwicklung eines rhythmischen Elements ging Hand in Hand mit der Schaffung von Musikinstrumenten. Als Musik für den Tanz wesentlich wurde, machte man sie anfänglich mit dem greifbarsten aller Instrumente: mit dem menschlichen Körper. Die Leute klatschten und sangen, sie schlugen Mörser und Stößel gegeneinander und schüttelten Korn in einem Gefäß. Tänzerinnen behängten ihre Körper mit klappernden Ornamenten wie z.B. Samenkapseln und benutzten ihre Hände, um Akzentverlagerungen zu betonen. Sie schlugen einen Rhythmus mit hölzernen Klappern und später mit Glocken und kleinen Metallinstrumenten. Indische Tempeltänzerinnen benutzten Fingerzimbeln und banden sich Glöckchen um die Fesseln. Bauchtänzerinnen benutzen heute noch Fingerzimbeln aus Messing, die auf Arabisch als *sagat* und auf Türkisch als *zills* bekannt sind. Man trägt zwei an jeder Hand, eine am Daumen und eine am Mittelfinger. Sie werden scharf aneinandergeschlagen, um ein klares, glockengleiches Klingen zu erzeugen, mit dem man einen lebhaften Rhythmus in der Musik begleitet. Bei meditativeren Bewegungen im Tanz werden sie entweder weggelegt oder so gehalten, daß sie nicht klingen. Früher benutzten die Tänzerinnen ihre Fingerzimbeln, um den Rhythmus vorzugeben, den sie brauchten. Dieser ist nun durch verschiedene Perkussionsinstrumente festgelegt: die *dumbeki* (eine Terrakottatrommel), das *bendir* (das einem großen Sieb gleicht, über dessen Rahmen eine Kamelhaut gespannt ist) und die *daff* und *rikk* (resp. ein großes und ein kleines Tamburin).

Auf einem Fest, das ein libanesisches Paar in London gab, sagte man mir, daß einer der männlichen Gäste ein ausgezeichneter Bauchtänzer sei. Als ich ihn fragte, ob er

tanzen würde, antwortete er: »Noch nicht. Das ist nicht mein Rhythmus.« Später
änderte sich die Musik und seine Augen leuchteten auf. »Das ist es. Jetzt werde ich
für Sie tanzen.« Das gleiche bekam ich zu hören, als ich mit einer ähnlichen Bitte an
die Hausfrau herantrat. »Nein, nein, das ist zu langsam. Mein Rhythmus ist schneller.« Beide drückten die im Nahen Osten gängige Auffassung aus, daß jede/r seinen
bzw. ihren eigenen geistigen Rhythmus hat, der ganz einfach als Antwort auf die
Musik hervorgerufen wird. Immer dirigiert die Tänzerin die Musik und wenn ihr
Rhythmus sie ruft, wird sie mit besonderer Intensität tanzen. Sie koordiniert ihre
Hüftbewegungen mit dem mächtigen zentralen Rhythmus, um den das melodische
Muster gewoben wird.

Manche mit nahöstlicher Musik nicht vertraute Menschen finden sie sofort anziehend. Für andere klingen ihre seltsamen Kadenzen und der repetitive Charakter anfangs monoton. Der französische Kurzgeschichtenautor Gobineau fand sowohl
orientalische Musik als auch orientalischen Tanz ziellos, letztendlich aber dennoch
fesselnd:

*(Die Tänzerin) richtete sich dann aber auf, ging langsam bis in die Mitte des Salons
und machte den Musikanten mit einem unmerklichen Nicken ein Zeichen...*

*Und dann, nach einer außerordentlich schleppenden, monotonen Melodie... machte die
Tänzerin, ohne sich vom Fleck zu rühren, die Hände in die Hüften gestützt, einige Bewegungen mit dem Kopf und dem Oberkörper. Sie drehte sich langsam um sich selber. Sie
sah keinen Menschen an, sie war undurchdringlich, sie schien völlig in sich versunken.
Die Spannung folgte ihr, erwartete eine Belebung, die nicht kam, und wurde gerade um
dieser getäuschten Erwartung willen immer stärker. Man könnte den durch solche Erre-
gungen verursachten Eindruck am besten mit dem vergleichen, den man am Gestade des
Meeres verspürt, wenn das Auge von der Welle beständig verlangt, höher zu steigen, weiter vorzusprudeln als die vorangegangene, und wenn man ihrem Rauschen mit der immer wieder enttäuschten Hoffnung lauscht, das nächste Rauschen werde ein wenig stärker sein.*[58]

Doch lange zu sitzen und den Wellen zuzusehen, wie sie sich am Ufer brechen, ist
auf hypnotische Weise besänftigend, und je länger man schaut, umso größere Vielfalt an Bewegung und Klang gibt es an ihnen zu entdecken. Genauso ist es mit der
nahöstlichen Musik.

Dieselben wenigen Noten können bis zu einer Stunde lang wiederholt werden, bis
man schließlich unruhig wird; aber das kommt daher, daß das westliche Ohr bei
Musik auf schnelle Veränderungen und ständige Abwechslung eingestellt ist. Je
mehr man zuhört, umso mehr beginnt man, auf subtile melodische Abweichungen
anzusprechen. Zuerst mag man nur hypnotisiert sein vom repetitiven Charakter dieser Musik und denken, daß ihr Zweck ist, Trance auszulösen.

Bei größerer Vertrautheit hört man etwas anderes als Wiederholung, denn der Musiker erforscht beim Spielen jede Nuance seiner wenigen Noten. Melodische Instrumente wurden später entwickelt als Schlaginstrumente, und anfangs spielten die
Tänzerinnen sie während des Tanzes. Als sie dazu zu kompliziert wurden, brauch-

te man eine Gruppe von Spielern. Beim Bauchtanz begleiteten schließlich vier Grundinstrumente die Trommel: die *nay* (Flöte), *kanoon* (Zither oder Hackbrett), die auf den Knien gespielt wird mit Plektren, die an den beiden Zeigefingern befestigt sind, die *oud* (Laute) und noch ein Streichinstrument wie die *rababa* (einsaitige Geige), die auf das Knie aufgestützt gespielt wird.

Die nahöstliche Musik variiert von Land zu Land. Die Instrumente sind verschieden, die gespielten Noten, die Rhythmen, der Singstil und fast alle Funktionen. Aber die Musik aller dieser Länder hat ein gemeinsames Kennzeichen: sie ist rein melodisch, ohne Harmonien. Sie schmückt eine Grundmelodie aus, genauso wie die Arabesken der islamischen Kunst komplizierte Muster um ein zentrales Motiv weben. Vielleicht ist sie deshalb auf einer, grob gesagt, volksliedhaften Entwicklungsstufe stehengeblieben. Doch dies heißt nicht, daß es ihr an Komplexität mangelt, denn sie hat ein äußerst kompliziertes Tonleitersystem und wird nach festgesetzten Regeln gespielt.

Am wenigsten strukturiert ist die türkische Musik, die den Instrumentalisten die Freiheit läßt, eine Melodie nach Belieben auszuschmücken. Die arabische Musik hingegen unterliegt einer vorgegebenen Form, die keine Improvisation in unserem Sinne zuläßt. (Es gibt nicht einmal ein arabisches Wort für Improvisation.) Ein Instrumentalsolo wie das arabische *takasim*, das wir beim Bauchtanz finden, wird – in begrenztem Sinne – nach traditionellen Mustern improvisiert. Nie wird ein *takasim* (wörtlich: eine Trennung) zweimal gleich gespielt. Trotzdem hat es ein zugrundeliegendes Muster, einen Anfang, eine Mitte und ein Ende, wie sie keine Jazzimprovisation je aufweist.

Wenn das *takasim* alle Musiker umfaßt, kann es Passagen geben, bei denen die Melodie nur von einem einzelnen Instrument getragen wird, während die anderen nach einem vorgeplanten Intervall oder auf ein Zeichen des Solisten einfallen. Wird das *takasim* vor dem Hintergrund mehrerer Instrumente gespielt, ist unter der Melodie ein ständig sich wiederholendes rhythmisches Muster zu hören. Ein *takasim* beginnt ziemlich langsam, erforscht immer nur wenige Noten auf einmal. Diese Notenskala erweitert sich graduell, dann wird ein »Takt« eingeführt (ein schnellerer Rhythmus mit deutlichem Schlag). Später kehrt das *takasim* zu dem lockeren Rhythmus seiner anfänglichen Phrasierung zurück und schließt mit einer Reihe von Modi, die allmählich wieder zur ursprünglichen Tonart überleiten.

Der *takasim* ist arabisch. Sein türkisches Äquivalent ist der *cifte telli* (auch der Name des ursprünglichen griechischen Tempeltanzes, der Name, unter dem Bauchtanz noch immer in Griechenland bekannt ist, und auch der Name eines zweisaitigen Instruments, mit dem man den Tanz begleitet).

Der arabische Bauchtanz wird heute im allgemeinen mit einem Musikstück begleitet, das mehrere Modi oder Phasen durchläuft, deren Abfolge Tradition geworden und so der Tänzerin bekannt sind. Zuerst kommt eine instrumentelle Einführung, die bis zu mehreren Minuten dauert und entweder als Solo oder von allen Musikern gespielt werden kann. Sie soll das Publikum Ruhe finden lassen und auf das Kom-

Türkische *Çengi*, Fingerzimbeln benutzend, um ihren Tanz zu begleiten.

mende einstimmen. Die Tänzerin beginnt ihre Vorstellung nie während der Einführung, sondern wartet auf den anschließenden, kräftigen Eröffnungsschlag; damit beginnt der *takasim*, der verschiedene Zwecke hat: zum einen soll er eine Brücke schlagen zwischen der Einführung und dem Stück, das folgt; zum anderen dient er als Zwischenspiel innerhalb eines Stückes. Es gibt Pausen beim *takasim*, gleich den Pausen beim Koransingen, die den Zuschauern die Möglichkeit geben, die Bravour eines Spielers zu würdigen. Eine Bauchtänzerin wird sie nützen, um kurz zu pausieren und vielleicht einen Augenblick zu zögern, bevor sie zu einer neuen Schrittfolge übergeht. Wie die *Ghawazi* diese musikalischen Übergänge wiedergaben, geht aus der nachstehenden Beschreibung von Charles Leland hervor (der nebenbei anmerkte, daß die Fingerzimbeln einer Tänzerin oft Ärger machten, weil sich ihre Befestigung während des Tanzes löste).

Alles geschieht in vollkommenem Einklang mit der Musik... die Melodie ändert sich, und sogleich gibt es eine Variation beim Tanz. Das Mädchen hält inne – sie wird von der Taille ab reglos und bewegt nur den Oberkörper, schaukelnd und wiegend, ein Ausdruck der sie quälenden heftigen Leidenschaft. Zuweilen, und im Einklang mit der Musik, überläuft ein Zucken Taille, Arme und Kopf und manchmal die Muskeln. Sie wird ruhig; doch wenn man genau hinsieht, sind Bewegung, Leidenschaft und Anstrengung nicht weniger heftig, und die Brüste bewegen sich weiter, als ob in ihnen allein noch Leben steckte – womöglich zuckt nur eine ganz wild. Dann kommt wieder eine Veränderung, und die Tänzerin sinkt langsam fast auf die Knie, wie überwältigt von Leidenschaft, während die Arme in eigentümlichen, aber anmutigen Gebärden hin und herpeitschen.[59]

Bei einem Musikstück übernimmt jedes Instrument abwechselnd die Führung. Nach einer Weile ist es einfach, ein Instrument zu erkennen; schwieriger ist es, zwischen arabischem und türkischem Stil zu unterscheiden, das bedarf einiger Übung.

Heute wird die Musik im Nahen Osten zunehmend westlich beeinflußt. Dieser Einfluß konzentriert sich auf die Städte, wo er durch die Massenmedien fühlbar ist, und als Ergebnis beginnt sich nach und nach ein Unterschied zwischen städtischen und ländlichen Stilarten herauszubilden. Hinzu kommt noch, daß die Rollen des Komponisten und des Ausführenden, die früher in einer Person vereint waren, immer öfter auseinanderfallen. In streng muslimischen Ländern wird gegen den westlichen Einfluß auf die Musik (wie auf alle anderen Aspekte des Lebens) starker Widerstand geleistet. Im Yemen werden Männer, die traditionelle Melodien spielen, geachtet, während jene, die einen westlichen Stil nachahmen, verachtet werden. In Ägypten andererseits wird westliche Musik begierig aufgenommen, weil sie eine Abwechslung bietet. In Kairo ist es möglich, ein Orchester einheimische Melodien spielen zu hören, die europäisiert wurden, um dem modernen Geschmack entgegenzukommen. Eine ägyptische Kabarettänzerin – die einst nur von vier oder fünf Musikern begleitet worden wäre – tritt inzwischen unter Umständen mit einem Ensemble auf, zu dem Blechinstrumente, eine Orgel oder ein Klavier, ein Akkordeon und ein Cello oder ein Kontrabaß gehören können.

All die obigen Anleihen sind klar erkennbar. Manche jedoch sind so gekonnt mit einheimischer Musik verwoben, daß schwer zu sagen ist, was traditionell ist und was angeglichen wurde. Letztendlich jedoch sind dies nur Feinheiten; für jede Bauchtänzerin ist das Wichtigste an der Musik, wie sie ihre Bewegungen leitet.

Die Trommel bestimmt den zentralen Rhythmus, der die Hüften antreibt und den

Musikantin, Tänzerin und Aufseherin im Harem.

Körper in Bewegung setzt, während die Melodie eine Landschaft darum entstehen läßt. Jede Tanzbewegung geht natürlich fließend in die nächste über, eine Bewegungswelle flutet den Körper auf und ab. Ist die Musik gut, inspiriert sie bestimmte Bewegungen: bei einem klagenden Flötensolo löst eine Tänzerin ihren Schleier und wirbelt ihn um sich herum, bei einem intensiven Trommelsolo beginnen ihre Hüften sich zu schütteln, bei rhythmischem Tamburinschlagen bewegt ihre Hüfte sich jäh auf und ab.

Manche westlichen Frauen werden anfangs durch die Musik vom Bauchtanz angezogen. Jennifer Carmen ist eine davon. Eines Abends war sie in ihrem Heimatland Australien in einem Restaurant, als die Band arabische Musik zu spielen begann. Sie und ihre Freunde begannen zu tanzen. »Ich wußte damals überhaupt nichts über Bauchtanz. Falls ich je daran dachte, schien mir, daß er eine ganz besonders magische Eigenschaft an sich haben müßte. Ich hatte noch nie arabische Musik gehört, aber als die Band zu spielen begann, konnte ich einfach nicht stillsitzen. Es war so ansteckend.«

Am Ende des Abends kam der Bandleader zu ihr und fragte, ob sie mit ihnen arbeiten wollte. Das war ihr Start. Drei Wochen später flog sie zu ihrer ersten Vorstellung nach Adelaide, wo sie in einem großen Hotel vor siebenhundert Mitgliedern der Palästinensischen Befreiungsorganisation auftreten sollte. Als es soweit war, hatte sie Grippe, und ihr war überhaupt nicht nach Tanzen zumute. Während sie hinter der Bühne auf ihren Auftritt wartete, konnte sie wegen schlechter Akustik und Grippe die Musik kaum hören, und sie bat jemanden, ihr zu sagen, wenn die Band mit ihrer Einführung fertig war. Unglücklicherweise wußte diese Person nichts über arabische Musik und lotste sie während der Einführung auf die Bühne.

»Aber«, sagte sie, »sowie die Zuschauer mich sahen, ging ein Aufschrei durch die Reihen. Sie waren so ausgehungert nach Bauchtanz. Ich merkte, daß ich durch ihre Reaktion so high wurde, daß ich einfach immer weiter tanzte. Als ich aufhörte, war ich durchnäßt bis auf die Haut. Meine Grippe war weg. Ich fühlte mich wunderbar.« Für Jennifer ist die Musik noch immer die treibende Kraft. »Wenn die Musiker gut sind, spricht der Körper ganz instinktiv darauf an. Die Musik fährt dir in die Wirbelsäule, ins Becken, und alles andere geschieht wie von selbst. Wenn alles gutgeht, erreichst du einen Moment der Selbstvergessenheit, und wenn du diesen Moment packst, ist es gleichgültig, was du tust. Du könntest dich auch auf den Kopf stellen und mit den Zehen wackeln, das Publikum würde trotzdem toben. Dein Körper explodiert einfach.«

ELFTES KAPITEL

Ost und West

Im westlichen Europa vergnügen wir uns zumeist als Beobachter und als Kritiker: wir lesen, wir werden gerne unterhalten, wir hören eher Musik als selbst welche zu machen; wir ignorieren eher unsere Körper als Mittel zum Selbstausdruck.

Dies wurde mir kürzlich auf einer Party klar, auf der die Hälfte der Gäste Libanesen waren. Als ein Stück Rockmusik aufgelegt wurde, standen die englischen Gäste auf und tanzten; oder schlurften zumindest auf der Stelle hin und her, ihre Ellbogen sorgfältig angelegt, denn mit so vielen Leuten auf der Tanzfläche, von denen manche Zigaretten schwangen, handelte es sich um ein gefahrvolles Unternehmen. Ein Mann mittleren Alters sah unsäglich gequält aus, während er seine Füße halbherzig auf und ab bewegte, und ich mußte an einen Sklaven in Cecil B. de Milles *Zehn Geboten* denken, der gezwungen war, den ganzen Tag unter der sengenden Sonne Stroh in einen Lehmtümpel zu stampfen, um Ziegel für die großen Pyramiden herzustellen. Als die Platte zuende war, stürzten alle zu ihren Stühlen zurück, als hätten sie nun ihre Pflicht getan und könnten sich jetzt für den Rest des Abends amüsieren.

Später wählte der libanesische Gastgeber arabische Musik aus und stellte den Plattenspieler leiser. Zwei Frauen kamen in die Mitte der Tanzfläche und einander gegenüberstehend tanzten sie zusammen mit sich ergänzenden Bewegungen. Die Gastgeberin begleitete sie mit Fingerzimbeln, und alle hielten inne, um ihnen zuzusehen. Nachdem sich die zwei Frauen gesetzt hatten, trat ein Mann vor, um einen Solo-Bauchtanz vorzuführen. »Ya Allah«-Schreie und Seufzer der Bewunderung begleiteten seine komplizierten Hüftbewegungen. Als er aufhörte, stand jemand anders auf und so ging es weiter.

Es wäre undenkbar für sie gewesen, gleichzeitig zu dieser Musik zu tanzen, denn für Leute aus dem Nahen Osten ist Tanz etwas, was eines aufmerksamen Publikums bedarf; es ist mehr als nur ein beliebiges Privatvergnügen.

Für die libanesischen Gäste, die an jenem Abend tanzten, war es ein Teil ihres Vergnügens, daß sie füreinander aufgetreten waren, doch ich bin sicher, hätte irgendjemand den englischen Gästen vorgeschlagen, zur Freude ihrer Freunde zu tanzen, er hätte Unglauben und Gelächter geerntet. Hierzulande nimmt man an, Vorführungen seien Spezialisten oder Angebern vorbehalten. So hörte ich einmal eine Frau sagen, nachdem sie einer Bauchtänzerin zugesehen hatte: »Das ist doch sehr narzißtisch, oder?« Aber Tanz wird erst narzißtisch – oder selbstbezogen –, wenn er in unserem Leben funktionslos geworden ist. Und genau das ist in der westlichen Gesellschaft passiert. Wir haben den Tanz bis zu einem Punkt verfeinert, wo er nur noch eine Kunstform ist; der Beruf besonders »begabter« Wesen, die wir schweigend betrachten und mit höflichem Applaus belohnen. Sein ritueller Aspekt als gemeinsame Aktivität in der Gemeinschaft, als gemeinsames Sich-ausdrücken, ist längst dahingeschwunden. Gesellschaftlich ist Tanzen zu einer zufälligen Party-Aktivität degeneriert. Manche von uns tanzen erst, wenn es so eng ist, daß man nur noch kraftlos hin und her stolpern kann und man sicher sein kann, daß niemand zusieht; zwei Voraussetzungen, die der Rolle des Tanzes, uns zusammenzubringen, entgegenarbeiten.

In dieser Körperfeindlichkeit ist die puritanische Tradition noch immer lebendig. Manche von uns gehen wenigstens am Samstagabend in ein Tanzlokal, um die Frustration einer Woche herauszuschwitzen. Gesellschaftliches Tanzen wurde aus unserem Alltag verdrängt und gehört nun in die Subkultur und ins Reich der Abendkurse und Ballsäle. Unsere aussterbenden Volkstänze sind pittoreske Überbleibsel, mit denen die Leute auf die Dorfkirmes gelockt werden. Hier liegt einer der Unterschiede zwischen Tanz im Westen und Tanz im Nahen Osten. Die nahöstlichen Völker haben ihren traditionellen Bauchtanz beibehalten, der von allen Altersstufen und in einem gewissen Ausmaß von Männern ebenso wie von Frauen praktiziert wird. Der zweite große Unterschied ist, daß Bauchtanz keineswegs eine einsame Betätigung ohne Anerkennung ist. Man könnte sagen, daß Disco, um nur einen populären Modetanz aus jüngster Zeit zu nennen, dieses Argument tendenziell widerlegt. Aber ebenso wie die offenkundig sexuellen Modetänze der 20er Jahre ist Disco, trotz seiner enormen Bedeutung, nur für junge Leute eine Ausdrucksform. Interessanterweise benutzt Disco viele Bauchtanzbewegungen, allerdings in aggressiverer Form.

Teilweise erkennt man in der westlichen Welt, was uns verlorengegangen ist, dadurch daß wir Tanz zu einem peripheren Aspekt unseres Lebens haben werden lassen, und heute herrscht wachsendes Interesse an Bewegung aller Art, sei es zum Spaß, zur Übung oder als Therapie.

Immer häufiger gibt es Musik- und Tanzfestivals, die zwar anfangs nur eine Minderheit interessierten, jetzt aber Leute aus allen Schichten anziehen. Einmal schlug ich dem Organisator eines Londoner Tanzfestivals vor, daß am Abend, nachdem tagsüber Kurse mit aktiver Teilnahme vorgesehen waren, vielleicht auch der eine oder andere Lehrer auftreten könnte, und er antwortete: »Darum geht es bei diesem Festival nicht. Es geht um aktive Teilnahme. Die Leute kommen hierher, um etwas zu machen, nicht um zuzuschauen.« Seine Position war ebenso extrem wie die, die das Festival überhaupt erst notwendig gemacht hatte. Denn in seiner besten Form ist Tanz vieles: er ist kommunikativ, großzügig, spielerisch, ebenso ein Mittel privaten Selbstausdrucks, und geht der großzügige Aspekt verloren, nützt er uns nichts mehr. Stattdessen wird er selbstbezogen und begrenzt, und dabei geht sein integrativer Charakter verloren.

In meinem Bauchtanzunterricht schlage ich zuweilen vor, daß die eine Hälfte ein paar Minuten lang für die anderen von uns tanzen soll. Der Gedanke, ein Publikum zu haben, macht immer einige Frauen nervös, sogar in der freundlichen Atmosphäre eines Kurses. In dieser Situation habe ich erlebt, daß Frauen mitten in der Bewegung erstarren und sich weigern weiterzumachen, weil ihnen, so behaupten sie, alles entfallen ist, was sie je gelernt haben. Sie vergessen, daß sie einfach ihren Körper als Reaktion auf Musik bewegen. Ihr einziger Gedanke – und in Anbetracht des konkurrierenden Charakters, den Tanz heute hat, ist er verständlich – ist, daß sie alle im Raum beeindrucken müssen. Bauchtanz kann wirklich beeindruckend sein, doch am ungewöhnlichsten ist zu Anfang für eine westliche Frau, die Bauchtanz lernt, daß sie, um auch nur ein paar Schritte zu beherrschen, gegen jede traditionelle westliche Tanzform angehen muß.

Frauen, für die Bauchtanz noch neu ist, haben oft das Gefühl, sie seien auf etwas besonders Aufregendes gestoßen. Doch Frauen, die mit »Körperarbeit« im allgemeinen zu tun haben, fangen inzwischen an, Anwendungsmöglichkeiten für Bauchtanzbewegungen in ihren eigenen individuellen Bereichen, einschließlich Therapien aller Art, von Osteopathie bis Bioenergetik zu finden.

Das Interesse der europäischen Frauen ist relativ neu und wird noch als so befremdlich angesehen, daß es zu Zeitungsartikeln mit Überschriften wie »Kein Bauchgelächter bitte!« Anlaß gibt. Die amerikanischen Frauen haben ihn mit solcher Begeisterung aufgenommen, daß er in ihrem Land über die bloße Kult-Phase hinaus ist.

Amerika, wo viele Kulturen aufeinander treffen, war Volkstänzen gegenüber immer offener als Großbritannien und brachte um die Jahrhundertwende mengenweise Little Egypts und Salomes hervor. Das neuerliche Interesse in Amerika geht auf die 60er Jahre zurück, als die nahöstliche Gemeinde in New York Restaurants zu eröffnen begann, die auch Unterhaltung anboten. Diese bescheidenen Familienbetriebe waren bald ein beliebtes abendliches Ziel bei den New Yorkern, die von dem Tanz fasziniert waren. Nach einer Weile begannen Bauchtanz-Studios in der Stadt aufzutauchen, und die Nachfrage nach Information über diese Kunst wuchs in solchem Ausmaß, daß ein Magazin namens *Arabesque* erschien, das ganz der nahöstlichen Kultur gewidmet war. Die erste Ausgabe erschien im Juni 1975. Im einführenden Leitartikel hieß es: »Niemals in der Geschichte des Tanzes hat eine Tanzform in so kurzer Zeit eine so riesige Auswahl Lernbegieriger zusammengebracht, und doch ist dieser Tanz, den sie alle lernen wollen, einer der ältesten Tänze der Zivilisation.«

Heute entdecken die amerikanischen Frauen, daß Bauchtanz therapeutisch sein und Spaß machen kann. Frauen, die zuvor kein Interesse daran hatten, professionell zu tanzen, bilden nun Tanzgruppen, um den Tanz einem neuen Milieu vorzustellen. Sie gehen damit auf Musikfestivals und in Colleges; sie treten zusammen und auch allein auf; in Restaurants nähern sie sich beim Tanzen sowohl Frauen als auch Männern aus dem Publikum. Durchreisende Tänzerinnen aus dem Nahen Osten halten Bauchtanzseminare ab, die an der Ostküste in der Zeitschrift *Arabesque* und an der Westküste in *Belly Dancer* und *Habibi* angekündigt werden. Alle Informationen, die eine Bauchtänzerin irgendwie brauchen könnte, sind auf den Seiten dieser Magazine zu finden, die abgesehen von allgemeinen Berichten Fachgeschäfte für Kostümstoffe, Fingerzimbeln, regionale Veranstaltungen und laufende Kurse angeben, in denen Spezialistinnen nicht nur einfachen Bauchtanz anbieten, sondern auch die Kunst der Ouled Nail oder der *Ghawazi* lehren.

Diese Gründlichkeit in der Vorgehensweise hat in verschiedenen Teilen der USA wachsendes Interesse an der Kunst geweckt, dessen einer Aspekt die Suche nach Authentizität ist. Im wesentlichen bedeutet Authentizität unbestrittenen Ursprung, und unglücklicherweise ist im Hinblick auf Bauchtanz fast nichts unbestritten.

Die Debatte um Authentizität konzentriert sich auf die Kostümfrage. Viele Tänzerinnen verfangen sich in diesem Dschungel, vielleicht in der Annahme, daß sie mit kulturgeschichtlicher Genauigkeit bei der Kleidung einen Punkt im Kampf um Ehrbarkeit und Ansehen gewinnen. Kostümbildner, von Bakst angefangen, durchforschten die Vergangenheit, stöberten in verschiedenen Kulturen und kombinierten, was sie fanden, zu orientalischen Phantasiekreationen. Sie reproduzierten nicht unbedingt etwas, was ein Reisender vermutlich in einem türkischen oder ägyptischen Dorf zu sehen bekam. Eine kalifornische Bauchtänzerin mag heute unter »Authentizität« die Kleidung verstehen, die von den marokkanischen *Chikhat* getragen wird; aber die *Chikhat* der Gegenwart tragen oft fabrikmäßig hergestellte Hemden und T-Shirts, hinzu kommt ein um die Hüften befestigter Schal oder Gürtel. (Der Hüftgürtel ist wahrscheinlich das einzige Stück des Kostüms, das wirklich unbestrittenen Ursprungs ist.)

Am Ende erweist sich die Suche nach Authentizität als falsche Fährte. Rituale für Göttinnen werden nicht mehr inszeniert, und westliche Frauen haben nie hinter verschlossenen Haremstüren getanzt, um sich einsame Stunden zu vertreiben. Was der Bauchtanz einst darstellte, hat natürlich seine Bedeutung. Aber für eine Frau, die ihn jetzt lernt, ist sein Hintergrund zwar interessant, aber nicht entscheidend, um Freude an dieser Kunst zu haben. Eine Frau wird oft lustige Geschichten erzählen über die entsetzten Reaktionen von Freunden, wenn sie von ihrem Interesse am Bauchtanz hören. Wenn aber dieses Interesse dauernd gerechtfertigt werden muß, meinen viele Frauen, weist das auf die Notwendigkeit eines neuen Namens hin. Der beliebteste Vorschlag ist »orientalischer Tanz«; nur hat er den Nachteil, daß er Verwirrung bei den Leuten stiftet, weil er ein zu breites Spektrum abdeckt. »Danse du ventre« und »belly dance« sind koloniale Benennungen, die von den Völkern des Nahen Ostens selbst nicht zur Bezeichnung des Tanzes benutzt werden. Hinzu

Persische Tänzerin, die für einen jungen Mann tanzt.

kommt, daß sie ein Gefühl von Überlegenheit und Spott ausdrücken, das damit zu tun hat, wie wir diesen Teil unseres Körpers sehen.

In unserer Gesellschaft ist der Bauch etwas, das in Gummigürtel gezwängt und während der Mahlzeiten ruhiggehalten werden muß. In *The Body Has Its Reason* berichtet die französische Bewegungstherapeutin Thérèse Bertherat, wie sie als Kind in Frankreich, wenn sie während des Essens Bauchweh hatte, lernte, sich bei Tisch zu entschuldigen, indem sie sich mit der Hand an die Stirn griff und so tat, als hätte sie Migräne. Darüber kann man lachen, aber wie viele von uns sind verzweifelt, wenn ihr Bauch nicht so flach ist wie der eines Knaben?

Der Ruf nach Abschaffung des kolonialen Namens ist verständlich, doch welcher Name könnte besser sein? Denn Bauchtanz trifft genau das, was er aussagt: den Bauch und seine generative und sexuelle Kraft. Orientalische Kulturen achten diesen Teil des Körpers als ein vitales Zentrum, den Ort, an dem wir zuerst mit dem Leben verbunden waren, durch den Nabel. Seine Wichtigkeit spiegelt sich in dem Ideal weiblicher Form, wie es im Nahen Osten und Asien gesehen wird. Es wurde einst von einem maurischen Dichter als Weidenzweig, der in einer Sanddüne steckte, beschrieben. Die antike orientalische Literatur ist voller Lobpreisungen über die Schönheit eines ausladenden gerundeten Unterleibs. Das *Brihatsamhita* aus dem sechsten Jahrhundert empfiehlt: »Breite, plumpe und schwere Hüften, um den Gürtel zu tragen, der Nabel tief, groß und nach rechts gedreht, eine Mitte mit drei Falten.« Nahöstliche Romane und Erzählungen schwelgen in Beschreibungen von Frauen mit monumentalen Proportionen. Eine Heldin aus *Tausendundeine Nacht* hat einen »Körper schlank und rank«, aber »Hüften wie pralle Kissen und Schenkel wie Säulen aus syrischem Gestein«. Dann gibt es noch die arabische Schönheit, deren Körper »in Wellen auf- und niederwogte unter ihrem Kleid wie Brokatrollen, und ihr Nabel könnte eine Unze Salböl fassen«. In arabischen Ländern gilt ein großer tiefer Nabel als schön und wird bei Kindern als Zeichen gesunden Wachstums angesehen. Auch heute noch tendiert das nahöstliche Ideal weiblicher Schönheit zu der sinnlichen, der umhüllenden Figur der Mutter, die eine machtvolle Stellung im Hause einnimmt.

In Großbritannien und den Vereinigten Staaten ist es lange her, daß füllige Frauen für attraktiv gehalten wurden. Die Viktorianer schätzten fleischige Schenkel mit Grübchen ebenso wie zierliche wohlgeformte Fesseln; sie fanden wohlgerundete Konturen nicht automatisch unattraktiv. In unserer heutigen Gesellschaft passen Schenkel mit Grübchen nicht zum gängigen weiblichen Schönheitsideal. Ästhetische Ideale haben viel mit Funktion zu tun, und im Nahen Osten, wo der Gang des Lebens langsam und das Mutterbild besonders mächtig ist, sind die Konturen eines wohlgerundeten Körpers beruhigend, weil sie Schutz verheißen. Im Westen aber preisen wir Schnelligkeit und Jugend und einen schlanken, aktiven Körper. Unser ästhetisches Ideal bleibt das der Griechen: die obere Hälfte des Körpers beweglich, Beine und Füße leicht auf dem Boden.

Manche Frauen lassen sich davon abhalten, Bauchtanz zu lernen, weil sie glauben,

Rosy Guest bei einem Kurs in London; sie benutzt den Schleier, um die Bewegung verschiedener Teile des Körpers zu unterstreichen.

sie brauchten einen großen Bauch, und das schreckt sie ab. Andere wiederum denken, sie seien zu dick und werden folglich lächerlich aussehen. »Ich bin wie ein Elefant«, lachte eine Französin in den Fünfzigern, »und natürlich bin ich zu alt für so etwas.« Doch als ich sie in ein Restaurant mitnahm, wo Videobänder der gefeiertsten arabischen Bauchtänzerinnen gezeigt wurden, änderte sie bald ihre Meinung. Auf dem Höhepunkt ihrer Karriere haben diese Frauen starke, titanische Körper und imposante Bewegungen, die ihnen Erhabenheit verleihen, wenn sie über die Bühne gleiten.

Ich habe aber die Erfahrung gemacht, daß Frauen sich auch aus anderen Gründen abhalten lassen, den Tanz zu lernen; vor allem von der Sexualität, die seine Bewegungen nahelegen. Eine Frau bemerkte einmal: »Viele von uns sind an irgendeinem Punkt unseres Lebens, was unsere Sexualität angeht, verächtlich gemacht worden. Ich scheue mich ein wenig, in der Öffentlichkeit unverhohlene Freude an meinem Körper zu zeigen. Es könnte so leicht auf mich zurückfallen.« Doch größeres Bewußtsein über sexuelle Ausbeutung braucht uns nicht unserer Sexualität mißtrauen oder den Tanz meiden zu lassen, bei dem sie eindeutig eine Rolle spielt.

Auf ähnliches Mißtrauen stieß ich, als ich einen Kurs für eine Gruppe achtzehnjähriger Studentinnen abhielt. Sie kamen, in makellose Trikots gekleidet, waren gut in Form, und während wir darauf warteten, anzufangen, lockerten sie sich individuell ein wenig. Mit gespreizten Beinen berührten sie mit ihrer Stirn den Boden; eine von ihnen ergriff ihren Fuß und hob ihr gestrecktes Bein über den Kopf, und ich war beeindruckt von ihrer Beweglichkeit. Doch als ich sie bat, gemeinsam ihre Hüften zu schütteln, bewegten sie sich kaum. Überrascht sahen sie einander an und ich erntete ein ironisches Stirnrunzeln. Eine von ihnen war so verlegen, daß sie die ganze Stunde lang ihre Augen fest auf den Boden gerichtet hielt.

Es ging nicht nur einfach darum, daß sie beim Bauchtanz alles außer Acht lassen mußten, was sie je im Ballett gelernt hatten, obwohl das auch zutraf. Das Becken loszulassen und die Hüften zu schütteln, berührte vielmehr tiefere, sexuelle Tabus. Viele Leute, die Massage machen, werden sagen, daß dieser Teil des Körpers bei den meisten Leuten am steifsten ist, und das verwundert kaum angesichts unserer kulturellen Tabus. Manche Leute haben seit ihrer Hula-hoop-Zeit in der Kindheit ihre Hüften nicht mehr richtig geschüttelt. Dabei ist das Becken potentiell eine Quelle intensiven Fühlens und großer Kraft, wie man beim Tanzen eines Hüft-Shimmy entdeckt.

Der Shimmy beinhaltet intensives Muskelzittern. Wie bei jeder Bauchtanzbewegung (und hier kann Bauchtanz mit Yoga verglichen werden) muß dabei eine Muskelgruppe isoliert werden; beim Hüft-Shimmy der untere Rücken und das Gesäß. Die Tänzerin bleibt beim Shimmy oberhalb der Taille reglos, während sie die Muskeln in dieser Gegend zucken läßt, bis die Münzen an ihrem Hüftgürtel wild herumwirbeln.

Eine erfahrene Tänzerin schüttelt beim Shimmy den gesamten Rumpf, wobei ihr Gesicht einen gelösten Ausdruck zeigt, der darüber hinwegtäuscht, daß sie bei die-

Selwa Rajaa zeigt eine Schlangenarmbewegung.

sem Tanz eine überaus schwierige Isolation vornimmt. Ich habe erfahrene Künstlerinnen gesehen, die Shimmy tanzten und dabei im Kamel-Gang seitwärts gingen und ihre Arme schlangenartig bewegten, und jede einzelne Bewegung völlig im Griff hatten. Darin besteht das große Können bei dieser Kunst. Eine schöne Schlangen-Armbewegung zu vervollkommnen, bedarf der Übung; seitwärts im Kamel-Gang zu gehen ist schwierig; beides zu tun und dabei ohne jedes sichtbare Zeichen der Anstrengung Shimmy zu tanzen ist etwas, das die Tänzerin sich aufhebt, bis sie gut in die Vorstellung hineingekommen ist und ihre Muskeln sich erwärmt haben.

Eines Abends zeigte ich einer Freundin einige Schritte. Sie war Anfang Dreißig, eine Gärtnerin, gesund und energiegeladen; sie praktizierte Tai Chi und radelte jeden Morgen kilometerweit zur Arbeit. Ich konzentrierte mich auf die Beckenbewegungen des Tanzes und war überrascht zu bemerken, daß sie sie schwierig fand. Sie war viel steifer als ich gedacht hatte. Schließlich gestand sie, daß sie sich nicht genügend entspannen konnte. Ihr ganzes Leben lang hatte sie es vermieden, Dinge zu tun, die im üblichen Wortsinn »feminin« waren, und dazu gehörte auch das Tanzen. Sie hatte einen starken Widerstand gegen den Shimmy, denn Shimmy bedeutete, wie sie es nannte, zu »wackeln«. »Ich habe diese Po-Wackelei immer gehaßt. Nie bin ich so gegangen. Ich habe immer eher große Schritte gemacht.« Sie war verwirrt, als ich ihr erzählte, daß Männer ebenso bauchtanzen wie Frauen. Ich erzählte ihr von einem Mann auf einer marokkanischen Hochzeit, den ich gesehen hatte, wie er beim Shimmy auf die Knie fiel, den Kopf in Ekstase zurückgeworfen, während seine Freunde in wildes Entzücken ausbrachen und ihn mit Geld überschütteten. Danach fragte sie, ob ich ihr die Schritte noch einmal zeigen könnte. Später sagte sie: »Es fühlte sich so seltsam an, manche dieser Bewegungen zu machen. Ich mußte alle möglichen Hemmungen überwinden. Zum Teil, weil es sehr sexuell ist. Ich ertappte mich plötzlich, wie ich mich bremste und dachte, ›oh, da verliere ich die Kontrolle‹. Ich habe immer nur Tänze getanzt, die ich kontrollieren konnte.«

Auf diese Bemerkung hin fragte ich mich, ob wir im Westen, während wir viele restriktive Tabus der Vergangenheit abschütteln, sie nicht durch andere ersetzen, die uns (genauso oder mehr) unterdrücken. Wieviele von uns begreifen die Notwendigkeit, die geistige Befreiung auf den Körper zu übertragen? Diese Dinge müssen sich verbinden, wenn wir wirklichen Nutzen daraus ziehen wollen. Ich habe Frauen gekannt, die so erbost darüber waren, als Sexualobjekt betrachtet zu werden – auch wenn sie keineswegs unter diesem Aspekt wahrgenommen wurden –, daß sie ihre Sexualität gänzlich verleugneten.

In muslimischen Ländern haben die Frauen eine körperliche Unbefangenheit, die wir längst verloren haben. Ihre Leichtigkeit zeigt sich in der Begeisterung, mit der sie ihre Sinnlichkeit entfalten, indem sie füreinander tanzen, und offenbart sich auch im Alltag ständig an Orten wie dem öffentlichen Bad, wo sie einander mit echter Zuneigung waschen und massieren. In der muslimischen Gesellschaft wird Wärme und Aufmerksamkeit für das eigene Geschlecht toleriert, zwischen den Geschlechtern aber unterdrückt. Es kann gut sein, daß diese körperliche Wärme nur ein Resultat der sexuellen Repression zwischen Männern und Frauen unter dem Islam ist, doch deshalb ist sie nicht weniger wertvoll.

Ein letzter Grund, warum manche westlichen Frauen, die sich für einen Bauchtanz-Kurs einschreiben, befürchten, sie könnten komisch aussehen oder von den anderen Frauen im Kurs ausgelacht werden, ist folgender: Im Westen wachsen wir mit dem Gedanken auf, daß Tanz etwas für Junge und Schlanke ist; daß er jahrelange hingebungsvolle Übung und übermenschliche Disziplin verlangt. Darüberhinaus wachsen wir mit einer Moral auf, die leistungs- und nicht lustorientiert ist. So kommt die Vorstellung zustande, daß man nur durch Entbehrung und Opfer Expertin werden kann. Im Fall des Balletts – bei dem gewisse Bewegungen nur gemacht werden können, wenn man den Körper beträchtlichen Belastungen aussetzt – mag das zutreffen. Aber für Bauchtanz stimmt es nicht. Es handelt sich um zwei völlig verschiedene Ausdrucksformen. Eine Ballerina tanzt mit den Extremitäten ihres Körpers und ist bestrebt, ihre feine schlanke Linie zu erhalten; ihre Bewegungen entspringen den Gliedmaßen und neigen zur Linearität; das Gesäß ist angespannt und der Rumpf ist eingezogen und spielt kaum eine Rolle. Bauchtanzbewegungen andererseits kommen aus den Gelenken des Körpers; sie sind vorwiegend wellenartig und zirkulär und schließen intensiven Gebrauch des Rumpfes ein (der infolgedessen überaus beweglich wird). Ballett ist eine erzählende Kunst, die ihre Zuschauer in eine imaginäre Welt führt und ihnen geistige Anstrengung abverlangt. Bauchtanz ist eine Kunst der Form, wie die Arabesken der islamischen Kunst, die ein Gefühl der Muße und der inneren Ruhe vermitteln.

Der Bauchtanz kam aus der Wüste, was sich nicht nur in den Namen seiner Bewegungen widerspiegelt: den Schlangenarmen und dem Kamel-Gang. Im wehmütig-sehnsuchtsvollen Klang eines *takasim* oder eines *cifte telli* spiegelt sich der Rhythmus des Wüstenlebens selbst. Eine Frau tanzt, in einen Schleier gehüllt, und wir stellen uns vor, wie sie diesen Schleier benutzt, um ihr Gesicht vor der trockenen Wüstenluft zu schützen; oder sie tanzt mit einem Wasserkrug auf dem Kopf, den sie über einer geraden Wirbelsäule in vollkommener Balance hält.

In ländlichen Gegenden sind Frauen, die barfuß einen steinigen Abhang erklimmen und dabei ein schweres Gewicht auf dem Kopf balancieren, sogar etwas so Sperriges wie einen umgedrehten Tisch, ein gewohnter Anblick. Wenn eine Tänzerin mit einem Wasserkrug oder einem beladenen Teetablett auftritt, werden wir daran erinnert, denn sie hat die gleiche trittsichere Anmut, die gleiche aufrechte Haltung, die aus den Bräuchen ihres Alltagslebens resultieren; sie bewegt sich achtsam, und das Zentrum ihres Gleichgewichts liegt im unteren Teil des Körpers. Wir im Westen siedeln unseren Schwerpunkt weiter oben an, in der Brust, und ich habe bemerkt, daß viele Frauen, wenn sie Bauchtanz lernen, zu Anfang deswegen leicht das Gleichgewicht verlieren. Eine Tänzerin aus dem Nahen Osten dagegen bewegt sich von einem fest im Unterbauch verankerten Schwerpunkt aus. Dieses tiefliegende Zentrum ist allen orientalischen Bewegungsarten gemeinsam, von den Kriegskünsten bis zum indischen Tanz. Im Japanischen gibt es sogar einen Namen dafür: das Wort *ha-*

Figur-Acht-Bewegung mit der Hüfte.

Kraftvoller Hüftschwung.

Zurücklehnen des Körpers aus dem Stand.

ra, das Kraft, Ausdauer und Gleichgewicht bedeutet. Eine Person, die gut in seinem oder ihrem *Hara* bzw. Bauch verankert ist, kann nicht so leicht umgeworfen werden.

Eine Bauchtänzerin konzentriert ihre Energie im Bauch und hält auch eine enge Verbindung zum Boden. Im allgemeinen tritt sie barfuß auf (obgleich das Tragen von Schuhen auf einer Kabarettbühne nötig sein kann, um die Füße zu schützen). Die gefeierte libanesische Tänzerin Samia Gamal trug zu Beginn ihrer Karriere Schuhe, weil ihr Publikum nicht denken sollte, sie sei zu arm, um sich welche zu kaufen: ein Hinweis auf den sozialen Hintergrund einer Bauchtänzerin in den 50er Jahren unseres Jahrhunderts. Heutzutage entschuldigt sich niemand dafür, barfuß zu tanzen. Will eine Tänzerin die Ebene ihrer Bewegungen variieren, hebt und senkt sie sich einfach auf den Fußballen. Zuweilen sieht man Kabarettänzerinnen Schuhe mit dünnen Absätzen tragen, doch Absätze verändern das natürliche Gleichgewicht des Körpers und machen es schwierig, bestimmte Bauchtanzbewegungen zu kontrollieren, besonders den Kamel-Gang, einen würdevoll gleitenden Gang, währenddessen die Wirbelsäule wellenartig bewegt wird.

Zur Begleitung eines *cifte telli* oder eines *takasim* bewegt sich eine Tänzerin, in einen Schleier gehüllt, im Kamel-Gang durch den Raum. Vielleicht trägt sie den Schleier über den Kopf, so daß er ihr den Rücken hinunterhängt. Sie beginnt herumzuwirbeln, eine Hand leicht auf die Hüfte gestützt, die andere ausgestreckt. Während sie sich dreht, wogt der Schleier hinter ihr und noch immer herumwirbelnd hebt sie ihren Arm und nimmt den Schleier ab. Sie dreht sich weiter, hält ihn dabei vor sich und hinter sich, bis sie kreisend zum Stillstand kommt.

Wenn die Musik ruhiger wird, nimmt sie den Schleier ab und webt Muster damit, betont jeweils den Teil ihres Körpers, auf den sie gerade eine Bewegung konzentriert. Beschreibt sie mit einer Hüfte einen Kreis, hält sie ihren Schleier über diese Hüfte. Vielleicht hält sie ihn vor sich und hebt ihn zum Mund, verbirgt dahinter die untere Hälfte ihres Gesichts, indem sie die Arme hinter den Kopf hebt.

Jeder, der den Nahen Osten besucht hat, ist vertraut damit, wie eine Frau ihren Schleier handhabt. Auf der Straße hält sie ihn zwischen Lippen und Zähnen fest, damit sie die Hände frei hat zum Tragen von Paketen (ihr Kind ist derweil sicher in einem Tragegurt auf ihrem Rücken untergebracht). Hinter dem Schleier wirft sie durchdringende Blicke hervor, ist aber zugleich auf der Hut. Bauchtanz spiegelt vollkommen dieses Gleichgewicht zwischen Zurückhaltung und Offenheit, und der Schleier wird beim Tanz einmal benutzt, um zu verbergen, einmal, um zu enthüllen. Ähnlich sind auch die Bewegungen zugleich offen und zurückhaltend, vereinen nach innen gewandte Sinnlichkeit und äußere Entfaltung. Eine Tänzerin kann zum Beispiel eine Reihe langsamer Kreise mit einer Hüfte allein beschreiben, wobei die Hüfte ihren Körper eine allmähliche Drehung um sich selbst vollführen läßt, bei der das andere Bein als Achse fungiert: eine nach innen konzentrierte Bewegung. Oder sie kann ihre Schritte direkt aufs Publikum lenken, abwechselnd die eine und die andere Hüfte schwingend, so daß diese kraftvollen Schwünge den Mittelpunkt der Aufmerksamkeit bilden, wenn sie im Hüftschwungschritt den Raum durchquert. Vielleicht wird sie sich auf die Knie niederlassen und ihren Körper beugen, bis ihr Scheitel den Boden berührt. Ägyptische Grabfresken zeigen akrobatische Tänzerinnen, die sich aus dem Stand hintüber beugen bis zum Boden, und urteilt man nach Flauberts Beschreibung von Salomes Tanz, muß er bei den *Ghawazi* ähnliche Meisterstücke an Gelenkigkeit gesehen haben.

Heutzutage beugen sich die meisten Tänzerinnen aus einer knienden Position zu Boden. Man kann Bauchtänzerinnen auf die Knie gleiten und in mächtigen Kontraktionen von einer Seite zur anderen zucken sehen, wobei Kopf und Torso entspannt sind. Diese Bewegung ist Teil des *zar*, eines spirituellen und therapeutischen Tanzes. Daß sie jetzt in den säkularen Bauchtanz Eingang findet, ist ein Beispiel dafür, wie die Bedeutung von Ritualen sich über die Jahre hinweg verändert. Einmal sah ich,

Langsames Hintüberlehnen zur Brücke in kniender Stellung.

wie ein sechzehnjähriges Mädchen auf einer marokkanischen Hochzeit einen ähnlichen Tanz vorführte. Sie nannte ihn *La Danse du Sahara*. Mit ausgestreckten Armen auf dem Boden kniend, bewegte sich ihr Körper in vorgerecktem Bogen heftig von einer Seite zur anderen, während sie ihre Hände schüttelte, als wolle sie Wassertropfen abschütteln.

Wie hat sich ein solcher Bodentanz entwickelt? Ein möglicher Grund ist, daß die niederen Zelte der Wüstenbewohner es schwer machten, aufrecht stehend zu tanzen, und die Tänzerinnen daher anspornten, am Boden kniend den ausdrucksvollsten Gebrauch ihres Oberkörpers herauszuarbeiten. Manche Bodentänze sind von alten religiösen Ritualen abgeleitet, die einen dynamischen Gebrauch des ganzen Körpers beinhalteten. Die Bodenarbeit des heutigen Bauchtanzes könnte eine Vielzahl von Ursprüngen haben, und zum Schluß wollen wir den interessantesten davon betrachten – die Rolle des Bauchtanzes bei der Geburt.

Vorher sprach ich über die Unterschiede zwischen Bauchtanz und Ballett. Manche Leute mögen denken, es sei absurd, die »hohe« Kunst des Balletts in einem Atemzug mit Bauchtanz zu nennen, der von seriösen Tanzkritikern mit Geringschätzung behandelt wird. Hier zum Beispiel ist eine Bewertung des Bauchtanzes aus Agnes de Milles *Book of the Dance*, das erst 1963 erschienen ist.

Bei den Marokkanern, den Algeriern und den modernen Ägyptern entwickelten sich ... Tanztechniken, bei denen Hüften und Schultern ziemlich ruhiggehalten wurden und die Muskeln hüpften, wellenartig zuckten. Dies ist für die meisten Nordländer unakzeptabel (Hervorhebung W.B.), bei vielen tropischen Völkern aber weitverbreitet. Es wird Muskeltanz genannt und wird von denen, die ihn praktizieren, für reizvoll gehalten.[60]

Eine andere moderne Autorität schreibt: »Der Tanz selbst entbehrt wirklicher Anmut. Er besteht einfach nur aus Schwingung und der charakteristischen Hüftbewegung.«

Wer entscheidet darüber, ob ein Tanz akzeptabel ist oder nicht? Und was ist »wirkliche« Anmut? Warum sollte das Posieren auf Fußspitzen für anmutiger gelten als sanftes Schwingen der Arme und Hüften?

Selwa Rajaa ist Ägypterin und lebt in England. Sie lernte *beledi* (ägyptisch für einheimischer Tanz) als Kind und entwickelte ihren Stil, indem sie Filme von Samia Gamal und Tahia Carioca ansah. Sie sagt, daß beim Zuschauen emotionale Schauer ihren Körper überliefen und fügt hinzu: »Tanzen war meine Freiheit«. Sie beschreibt, wie sie die Türe verschloß und sich in den Tanz warf, und kann sich erinnern, daß sie im Alter von fünf Jahren aufgefordert wurde, bei Hochzeiten aufzutreten. Ihr Tanz ist eine Kombination von Verspieltheit, Kraft und feuriger Anmut und läßt keinen Zweifel an der außerordentlichen Schönheit des nahöstlichen Tanzes.

Bei uns wird allmählich begriffen, daß die westliche Kultur nicht allen anderen überlegen ist. Man hat die Schönheit des indischen Tanzes anerkannt und Gleichgewicht und Meditation gelernt durch Yoga und Tai Chi; so wird man vielleicht in Kürze auch den Bauchtanz in das künstlerische Pantheon aufnehmen.

Sahara-Tanz, entwickelt aus dem *zar*, einem therapeutischen Trance-Tanz.

Die Autorin beim Tanz mit Schleier.

Inzwischen sind die Frauen in Europa und den Vereinigten Staaten dabei, die Freuden des Bauchtanzes zu entdecken und seine Wurzeln zu ergründen. Sie stammen aus verschiedensten Schichten, und daß sie auftreten, ist oft Zufall. Da sie die Kunst schätzen, weigern sich manche, in einem rauchigen Nachtklub aufzutreten: in einer Umgebung, in der sowohl Tanz als auch Tänzerin eingeschränkt sind durch kommerzielle Zwänge. Stattdessen versuchen sie, eine ganz neue Umgebung dafür zu schaffen. Während sich dies im Westen vollzieht, paßt man sich in seinen Herkunftsländern ironischerweise immer mehr ausländischen Idealen des ästhetischen Geschmacks an, und bedeutende ägyptische Tänzerinnen und Truppen nehmen sogar Ballettbewegungen in ihr Repertoire auf.

Manche Leute wenden ein, daß diese Kunst nicht in den Kontext von westlichen Musikfestivals und Erwachsenenbildungseinrichtungen paßt; es wäre, als sähe man die Sphinx in einem Glasgehäuse im Britischen Museum. Sie behaupten, der Tanz sei untrennbar mit dem nahöstlichen Leben verbunden, und nur wer damit großgeworden ist, könne ihn wirklich tanzen. Für diese Leute zitiere ich Idries Shah, die schrieb: »Der Platz Ihres Wohnzimmerteppichs ist auf dem Fußboden Ihres Hauses – nicht in der Mongolei, wo vielleicht sein Muster entworfen wurde.«

ZWÖLFTES KAPITEL

Geburtstanz

Vorab: Dieses Kapitel behandelt den Bauchtanz als Möglichkeit der Geburtsvorbereitung. Frauen, die nicht mit dem Tanz vertraut, aber interessiert sind, ihn zu diesem Zweck zu benutzen, sollten nicht plötzlich, ohne vorherige Übung oder professionellen Rat darauf einsteigen. Viele Grundbewegungen des Bauchtanzes entspannen und kräftigen den Körper und sind als Übungen vor der Geburt ideal; andere sind extrem anstrengend und sollten während der Schwangerschaft vermieden werden.

Viktorianische Ärzte glaubten, daß Hysterie (benannt nach dem griechischen Wort für Uterus) in der Gebärmutter ihren Ursprung hätte. Sie hielten sie für eine neurotische Störung, die nur beim weiblichen Geschlecht auftrat. Die Gebärmutter wurde als so nervös und erregbar betrachtet, daß so unterschiedliche Krankheiten wie Kopfweh und Wirbelsäulenverkrümmungen diesem unberechenbaren Organ zugeschrieben wurden. Viele Ärzte meinten, daß die Gebärmutter den weiblichen Körper kontrolliere und sich sogar fortbewegen und willkürlich auf Wanderschaft begeben könnte. Gebären, man braucht es kaum zu erwähnen, wurde natürlich als so gefahrvoll betrachtet, daß schwangere Frauen wie Kranke behandelt wurden, sobald sie ihren Zustand bekannt gaben.

Ich erinnere mich, daß ich in meiner Kindheit eines Tages meinen Nabel untersuchte, als meine italienische Großmutter das Zimmer betrat. Sie klärte mich mit schockierter Stimme darüber auf, daß ich diesen Teil meines Körpers, durch den ich einst mit meiner Mutter verbunden gewesen war, nicht berühren dürfte. Glücklicherweise tat ich es als schrullige Vorstellung ab, aber dennoch haftete allem, was mit Bäuchen zusammenhing, etwas vage Komisches an, und meine Freunde und ich fingen jedesmal lauthals an zu lachen, wenn wir auf der Straße eine schwangere Frau

Cassie Freud beim Bauchtanz, einen Monat vor der Geburt ihres ersten Kindes; sie macht kreisende Bewegungen mit Hüften und Becken.

sahen. Viel Zeit ist vergangen, seit Frauen wegen ihrer reproduktiven Kraft verehrt wurden.

In früheren künstlerischen Darstellungen von Frauen, einschließlich der Statuen von Göttinnen, wurde die Wichtigkeit des weiblichen kreativen Prinzips durch vorstehende Bäuche und schwere Brüste hervorgehoben. Armen Ohnanian sagt: »Es gibt Länder und Stämme, deren verpflichtendster Eid auf den Bauch geschworen wird, denn diesem geheiligten Kelch ist die Menschheit entstiegen.«[61] Danach spricht sie über die Bedeutung des Bauchtanzes als ein Symbol der Mutterschaft.

In gewissen Teilen der Welt existiert Geburtstanz bis zum heutigen Tag. Manchmal wird er benutzt, um Fortpflanzung und Weitergabe des Lebens zu feiern, wie in Zentralafrika. Manchmal dient er der Geburtsvorbereitung, wie z.B. der hawaiische *hula* – oder *ohelo*, um ihn beim richtigen Namen zu nennen. Ein ähnlicher Tanz war früher auch in Neuseeland bekannt und wurde von Maorifrauen noch in den 30er Jahren dieses Jahrhunderts praktiziert, obgleich er anscheinend großes Gelächter hervorrief, wenn er von alten Frauen vorgeführt wurde (zweifellos, weil sie über das gebärfähige Alter hinaus waren). Früher wurde er dort als anerkannte Übungsform benutzt. Im russischen Kaukasus ist Geburtstanz noch zu sehen, und in vielen Teilen des Nahen Ostens und Nordafrikas bleibt er wichtiger Bestandteil der Stammesbräuche.

In einem Artikel der Zeitschrift *Arabesque* beschreibt die amerikanische Tänzerin Carolina Varga-Dinicu eine Unterhaltung, die sie Ende der 50er Jahre mit der saudiarabischen Tänzerin Farab Firdoz hatte, die bestätigte, daß Bauchtanz aus dem Geburtstanz hervorgegangen war. Farabs Großmutter erzählte ihr, daß seine langsameren Bewegungen, die sich auf die Bauchmuskeln konzentrieren, von einem ihrer ältesten religiösen Tänze stammten, bei dem die Geburtswehen einer Frau nachgeahmt wurden.

Sie erzählte mir, daß sie noch vor fünfundzwanzig Jahren dabei war, als die Frauen des Stammes ihrer Großmutter sich um das Lager einer Gebärenden scharten und diese Bewegungen machten, sie zum Mitmachen ermutigten, und so die Geburt weniger schmerzhaft verlief. Danach wurden noch andere Tänze getanzt, um die Geburt zu feiern, und auch eine kunstvollere Wiederholung des mimischen Geburtstanzes selbst aufgeführt.[62]

Die amerikanische Tänzerin war dieser Geschichte gegenüber skeptisch, bis sie beim Besuch eines marokkanischen Dorfes im Jahre 1967 genau das erlebte, was Farab Firdoz ihr beschrieben hatte.

Noch heute wird in einer Londoner Klinik, in die saudiarabische Frauen gehen, die Tradition, die Geburt gemeinsam zu erleben, weitergeführt. Wenn eine gebärende Frau ihren Schmerz herausschreit, stimmen ihre Freundinnen, die mit ihr im Raum sind, als Echo auf ihre Schreie ein mitfühlendes Klagelied an.

Wenn ich auf Bauchtanz während der Schwangerschaft zu sprechen komme, schauen die Frauen mich oft ungläubig an. In unserer Gesellschaft wird Schwangerschaft eher versteckt als betont. Auch Frauen, die nicht der Vorstellung erlegen sind, daß sie während dieser Zeit unförmig sind, halten sich oft für körperlich weniger attraktiv als sonst, obgleich vielleicht das Gegenteil zutrifft. »Wie kann ich mit einem Bauch von der Größe einer Wassermelone einen erotischen Tanz tanzen?« sagte eine Frau. »Und außerdem, würde das Baby dadurch nicht gestört und herumgeschüttelt?« Ihre Angst zeigt, bis zu welchem Ausmaß wir uns selbst um die gesamte Erfahrung von Schwangerschaft und Geburt bringen lassen. Dennoch praktizieren viele Frauen während der gesamten Schwangerschaft so anstrengende Körperbetätigungen wie Schwimmen und auch energetisches Tanzen. Ich habe mit Frauen gesprochen, die Hausgeburten gemacht haben und bei den Wehen ohne Medikamente ausgekommen sind, und sie haben erzählt, daß sie mit neuem Wissen und mit neuem Selbstvertrauen aus dieser Erfahrung hervorgegangen sind. Wenn wir aber erlauben, daß man uns als hilflose Patientinnen behandelt, können wir Schwangerschaft nicht als natürlichen Vorgang erfahren. Auch ein Teil der Frauenbewegung hat die positiven Aspekte des Gebärens untersucht und sie als urwüchsigere Form der Kreativität der bis jetzt noch von Männern dominierten intellektuellen und künstlerischen Form der Kreativität entgegengestellt. Wird Schwangerschaft als behinderter Zustand dargestellt, als einschränkend, frustrierend und gefährlich, so wird dabei außer acht gelassen, daß sie eine Erfahrung ist, durch die viele Frauen enormes Vertrauen in ihre Fähigkeiten gewonnen haben.

Ich habe Bauchtanz-Sessions mit Frauen, die in der letzten Phase ihrer Schwangerschaft waren, geleitet, und ich glaube nicht, daß diese Art von Tanzen das Baby stört. Im Gegenteil, ich würde sagen, daß die wellenartigen, rollenden Bewegungen dazu dienen können, es zu beruhigen und zu massieren. Eine Frau, die während ihrer ganzen Schwangerschaft Bauchtanz praktiziert hat, sagte, daß die Bewegungen ihr geholfen haben, die Wehen zu kontrollieren und den Schmerz zu vermindern.

Eine Krankenhausgeburt, die eine Frau dazu nötigt, hilflos auf dem Rücken liegenzubleiben, hindert sie, naturgemäß zu reagieren, denn in dieser Position ist sie gezwungen, genau auf den Körperzonen zu liegen, die sie frei bewegen können muß: die untere Rückenpartie und das Kreuzbein. Dieser Teil des Körpers ist in der letzten Phase der Wehen großer Belastung ausgesetzt und die beste Art, den Schmerz, den wir dort empfinden, zu lindern, ist, das Becken kreisförmig zu rollen oder ganz sanft zu schütteln, wie man es beim Bauchtanz macht, wenn man leise mit einem Hüft-Shimmy beginnt. Das hilft zu vermeiden, daß das Baby steckenbleibt, und massiert zugleich seinen Kopf.

Ich zeigte einer Freundin kurz nach der Geburt ihres ersten Kindes einige Bauchtanz-Schritte, und als ich ihr diesen Hüft-Shimmy vorführte, lachte sie und sagte, das sei genau die Bewegung, die sie gerne gemacht hätte, als der Kopf ihres Babys auf die Wirbelsäule nach unten drückte, um herauszukommen. Instinktiv hätte sie ihre untere Rückenpartie schütteln wollen, um den Schmerz zu lindern. Diese Anfangsbewegung des Shimmy, die hilfreich ist beim Lokalisieren und Regulieren der unteren Rückenmuskeln, sollte *sehr sanft* ausgeführt werden; sie sollte nicht – wie beim Tanz – in ein intensives, anstrengendes Schütteln übergehen.

Die langsamen, kreisenden Bewegungen des Bauchtanzes sind nicht so neu. Bücher über natürliche Geburt enthalten ähnliche Übungen, die jahrhundertelang benutzt wurden. Arabische Frauen, Tahitianerinnen und Maorifrauen wußten instinktiv, daß sie sich helfen konnten, wenn sie sich während der Geburt bewegten. Sie wußten, welche Bewegungen für sie am besten waren; deshalb wiegten sie ihre Körper und schwangen ihre Hüften in großen kreisenden Drehungen.

Wenn man die Geschichte zurückverfolgt, findet man, daß Hocken und Knien übliche Stellungen bei Entbindung waren. Ägyptische Hieroglyphen mit der Bedeu-

Eine Geburt im königlichen Harem, Topkapi Palast, Istanbul.

tung »zur Welt bringen« flankieren Abbildungen von hockenden Frauen, während
im Zweiten Buch Mose ein Geburtsstuhl erwähnt wird. Im Westen wurde vom
zweiten bis zum achtzehnten Jahrhundert ein Geburtsstuhl verwendet. Dieser unterschied sich von anderen Stühlen durch eine Öffnung im Sitz, durch die das Baby
in die Hände der Hebamme glitt. Eine Abbildung einer Geburt im Topkapi-Harem
zeigt eine Frau, die auf einem Geburtsstuhl sitzt und von ihren Gefährtinnen umgeben ist. Die Schüssel steht unter ihr, und die Frauen zu beiden Seiten des hochlehni-
gen Stuhls halten ihr zur Ermutigung die Hände. Die kniende Hebamme will gerade
das Baby auffangen, dessen Kopf und Arme schon unter den Röcken der Gebärenden hervorschauen. Manche ägyptischen Frauen benutzen den Geburtsstuhl heute
noch, aber im Westen werden Bett und Geburtszange unglücklicherweise für »fort-
schrittlicher« gehalten. Sie machen es den Ärzten und Ärztinnen und seinen bzw. ihren Assistenten sicher leichter, falls es zu Komplikationen kommen sollte. Doch die
Vorkehrungen für diese belastende Eventualität sollten doch den Bedürfnissen der
Gebärenden entgegenkommen, nicht denen der Ärzte und Schwestern.

Die Praxis verleugnet die animalische Natur des Ereignisses. Geburt ist eine Erfahrung, durch die wir lernen könnten, unserem Körper zu vertrauen, denn selten sonst
wissen wir beinahe instinktiv, was zu tun richtig ist. Juliette de Bairacli Levy lebte
viele Jahre lang in Nordafrika und Spanien, und sie schreibt, daß Geburt für die Zigeunerinnen, mit denen sie lebte, nicht schwierig war. Sie gebar ihr erstes Kind, während sie bei Berbern in Tunesien lebte und ging wenige Minuten nach der Geburt in
den Fluß schwimmen. Vor der Geburt hatte sie bestimmt mit den Frauen bei vielen
gesellschaftlichen Anlässen Bauchtanz getanzt. Bauchtanzbewegungen wie das Brust-
korbverschieben, die sich auf den Oberkörper konzentrieren, sind im frühen Stadi-
um der Schwangerschaft nützlich. Wenn der Kopf des Babys wächst, kommt er unter den Brüsten zu liegen. Wenn man also den Brustkorb von einer Seite zur anderen
gleiten läßt, wird der Druck gemildert, den der Kopf ausübt. Später dreht sich das
Baby, so daß die Füße oben sind, während der Kopf in die für die Geburt richtige Lage rutscht.

Eine andere, zu Beginn der Schwangerschaft hilfreiche Bewegung ist die Bauchrol-
le, die die Bauchmuskeln beweglich hält. Diese Muskeln verlaufen sich überschnei-
dend in verschiedenen Richtungen über den Unterleib, genau wie Seidenfäden rund
um einen Kokon. Während der Wehen üben sie Druck auf die Gebärmutter aus, damit sie sich öffnet und das Baby herauskommen kann.

Die Bauchmuskeln sind mit den Gesäß- und Schenkelmuskeln die wichtigsten bei
der Geburt. Sie werden vom Becken bestimmt, das man nach vorn und nach hinten
und von einer Seite zur anderen kippen kann. Wenn wir im Kamel-Gang durch den
Raum gleiten, kippen wir das Becken nach vorne und nach hinten. Wenn wir uns dabei im Profil im Spiegel betrachten, sehen wir, daß durch Kippen des Beckens nach
hinten die S-Kurve in der unteren Wirbelsäule verstärkt wird; kippen wir es nach
vorne, wird die Kurve vermindert.

Eine Grundbewegung des *Hula* kippt das Becken nacheinander nach vorne, zur einen Seite, nach hinten und zur anderen Seite (die Seitwärtsbewegungen ähneln der Pendelbewegung einer alten Standuhr). *Hula* ist einfacher als der sehr ausgefeilte Bauchtanz und wird von festlicher, energiegeladener Musik begleitet.

Im achtzehnten und neunzehnten Jahrhundert wurde der *Hula* von eifrigen Missionaren verboten und nur noch auf dem Land, ihrer Kontrolle entzogen, praktiziert. Man tanzte ihn einst in zurückgelehnter Stellung, was Schenkel und auch Becken kräftigte. Zum Bauchtanz gehört ebenfalls ein zu-Boden-gleiten, und angesichts der Stellungen, die früher bei Geburten üblich waren, könnte dieser Boden-

Brustkorb-Verschieben.

Noch einmal Bauchtanz als Geburtstanz.

tanz sehr wohl ein Überrest des antiken mimischen Geburtstanzes sein. Man kann sich die Szene sehr gut ausmalen:

Eine Frau tanzt mit über den Kopf erhobenen Armen. Sie schwingt ihr Becken im Kreis, während ihr Unterleib in einer Bewegung erzittert, die vom untersten Punkt ihrer Wirbelsäule ausgeht. Sie gleitet auf die Knie und lehnt sich zurück, von starken Schenkeln gehalten. Sanft läßt sie ihr Becken kreisen und schüttelt die untere Rückenpartie. In einer Brücke läßt sie sich ganz zum Boden herab, rollt ihren Bauch und läßt kleine Wellen über ihren gesamten Unterleib und ihre Schenkel laufen. Die Bewegungen sind intensiv und sehr speziell.

Armen Ohanians Worte kommen einem wieder in den Sinn. Bei ihrem Gang durch Kairo Anfang der Zwanziger Jahre erlebte sie mit, was zu dem Zeitpunkt schon zum *danse du ventre*, zum allbekannten Bauchtanz geworden war. In ihrer Jugend war es »ein Gedicht über Geheimnis und Schmerz der Mutterschaft« gewesen. »... im alten Asien, wo der Tanz in seiner primitiven Reinheit erhalten geblieben ist, stellt er Mutterschaft dar, das Geheimnis der Empfängnis von Leben, das Leiden und die Freude, mit denen eine neue Seele auf die Welt gebracht wird.«[63]

Die amerikanische Bauchtänzerin und Dichterin Daniella Gioseffi hat im Geist der von Ohanian erinnerten Geburtsdarstellung einen Tanz komponiert. Sie nennt ihn »Geburtstanz der Erde«. Sie kommt verschleiert herein, bei leiser Musik, dann führt sie zu einem schnelleren Rhythmus einen Tanz vor, der die Sinnlichkeit des Körpers zum Ausdruck bringt. Danach läßt sie sich auf den Bo-

den nieder, in mimischer Geburtsdarstellung und steht am Ende wieder auf, um in
einem Freudentanz zum Ausdruck zu bringen, daß ein Kind geboren wurde und daß
das Leben weitergeht. An dieser Stelle fordert sie die Frauen im Publikum auf, sich
ihr anzuschließen und mitzutanzen zur Feier der Lebenskraft und ihres Anteils an
ihrem Fortbestehen.

Daniella Gioseffi ist eine der Frauen, die versuchen, die antike Bedeutung des
Bauchtanzes wieder lebendig werden zu lassen. Ihr »Geburtstanz der Erde« erinnert
an die Frauen auf den Hügeln Anatoliens und ihre wilden monatlichen Fruchtbarkeitsriten; ihren Tanz, in dem sie die kreativen Kräfte der Frauen zum Ausdruck
bringen; er erinnert an den Tanz der Ischtar, die ihre sieben Schleier abstreifte, als sie
immer tiefer in die Unterwelt des Todes und der Wiedergeburt eindrang; den Willkommenstanz der ursprünglichen Salome, die Leben, Kraft und Fülle brachte. Und
so hat sich der Kreis geschlossen: hier ist der Bauchtanz wieder wie vor hunderten
von Jahren; ein Schöpfungsgedicht. Der erste und bleibendste aller Tänze.

.

ANMERKUNGEN

1 Martialis, *Epigramme* (Übs. Dr. Alexander Berg), Berlin-Schöneberg, ca. 1930, 5. Buch, 78, S.196

2 Juvenalis, *Saturae*, (Hrsg. Ulrich Knoche), München 1950, IV. Buch, 11, Zeile 162f., S.119

3 Mas'udi, *Meadows of Gold and Mines of Gems*, (Übs. C. Barbier de Meynard), Société Asiatique, Paris, 1874, VIII, S.100

4 G.W.Curtis, *Nile Notes of a Howadji*, Henry Vizetelly, London, 1852, S.88

5 Lucian, *Peri Orcheseos*, XV.177. Vgl. *The Sakred Dance* von W.O.E.Oesterley, Cambridge University Press, Cambridge, 1923, S.64

6 F.C.Cook (Hrsg.), The Song of Songs, in *The Holy Bible*, John Murray, London 1873. Das deutsche Zitat ist entnommen aus dem Hohelied Salomos 7,2f., in *Die Bibel*, Stuttgart 1980, S.737

7 Vgl. Carlo Suarés, *The Song of Songs*, Shambala, London, 1972, S.141

8 Metin And, *A Pictorial History of Turkish Dancing*, Dost Yayinlari, Ankara, 1976, S.21

9 N.M.Penzer, »Sakred Prostitution« aus, *Poison Damsels and Other Essays in Folklore and Anthropology*, Chas.J.Sawyer Ltd., London, 1952, S.131

10 Lillian B.Lawler, *Terpsichore: The Story of Dance in Ancient Greece*, Dance Perspectives (Winter 1962), New York, S.47

11 Lucian, Alkiphron, Aristainetos, *Hetären. Gespräche, Briefe, Epigramme*, München, 1958, S.81

12 Vgl. Penzer, »Sakred Prostitution«, S.152

13 Vgl. Oesterley, *The Sakred Dance*, S.66

14 Edward William Lane, *The Modern Egyptians*, Everyman, London, 1954, Bd.2, S.98

15 Lady Mary Wortley Montagu, *Der Lady Mary Pierrepont Wortley Montagu Reisebriefe* (Übs. Dr. Hans Heinrich Blumenthal), Wien, 1932, S.128

16 Montagu, *Reisebriefe*, S.94f.

17 ebd. S.95

18 Vgl. Carsten Niebuhr, *Travels through Arabia*, Edinburgh, 1790, S.153

19 Charles Leland, *The Egyptian Sketchbook*, Strahan & Co. and Trubner & Co., London, 1873, S.126

20 Eugène Delacroix, *Journals*, wie zitiert in *The Orientalists* von Philippe Jullian, Phaidon, Oxford, 1977, S.48

21 Gobineau, *Asiatische Novellen*, Zürich, 1962, S.65

22 Leland, *The Egyptian Sketchbook*, S.126

23 Lane, *The Modern Egyptians*, Bd.2, S.97

24 Gustave Flaubert, *The Letters of Gustave Flaubert*, 1830-1857 (Ed. Francis Steegmuller), Harvard University Press, Cambridge, Massachusetts, 1979, S.102

25 Leland, *The Egyptian Sketchbook*, S.131

26 Dr. John Covel, wie zitiert in Metin And, *Pictorial History*, S.140

27 Gerard de Nerval, *Die Frauen von Kairo*, Frankfurt a.M., 1973, S.85f.

28 Nerval, *Die Frauen von Kairo*, S.86f.

29 Curtis, *Nile Notes*, S.89

30 N.M.Penzer, *The Harem*, Spring Books, London, 1965, S.183

31 Sir Richard Francis Burton, *Love, War and Fancy*, William Kimber, London, 1964, S.218

32 Rosemarie Buschow, *Der Prinz und ich*, München, 1980, S.213

33 Armen Ohanian, *Les Rires D'une Charmeuse de Serpents*, Les Revues, Paris, 1931, S.29

34 Nerval, *Die Frauen von Kairo*, S.86

35 Ted Shawn, *Gods Who Dance*, E.P.Dutton & Co., New York, 1929, S.180

36 Shawn, *Gods Who Dance*, S.180

37 Dr. Wilfried Hoffmann, »Folk and Theatre Dancing in Present Day Algeria«, *Ballet Today*, April 1972

38 Shawn, *Gods Who Dance*, S.182

39 A.Bertherand, *De la Prostitution en Algerie*, wie zitiert in *De la Prostitution Dans la Ville de Paris*, Paris, 1857, Bd.2, S.540

40 Sir Richard Francis Burton, *The Book of the Thousand and One Nights*, Kamashastra Society, Benares, 1885, Bd.10, S.60

41 *Die Erzählungen aus den Tausendundein Nächten*, (deutsche Übertragung von Enno Littmann), Wiesbaden 1953, Bd.II, S.854f.

42 Karl Huysmans, *Gegen den Strich* (Übs. Hans Jacob), Zürich, 1965, S.133f.

43 Gustave Flaubert, *Herodias* (Übs. Ernst Sander), Stuttgart, 1968, S.40

44 Gustave Flaubert, *Reisetagebuch aus Ägypten*, Frankfurt a.M., 1980, S.112. Die Einfügung in eckigen Klammern wurde nach der englischen Ausgabe vorgenommen.

45 Gustave Flaubert, *Briefe*, (Übs. Helmut Scheffel), Zürich, 1977, S.137

46 Flaubert, *Briefe*, S.145f.

47 Flaubert, *Briefe*, S.162

48 Curtis, *Nile Notes*, S.88

49 *The Illustratet American*, Chicago, Mai-November 1893, (Sondernummer über die Columbia-Ausstellung).

50 Maud Allan, *My Life and Dancing*, Everett & Co., London, 1908, S.101

51 Colette, *Meine Lehrjahre*, Reinbek b. Hamburg, 1980, S.122

52 Walter Terry, *The Dance in America*, Harper & Brothers, New York, 1956, S.45

53 Armen Ohanian, *The Dancer of Shamahka*, Jonathan Cape, London, 1922, S.36

54 Ohanian, *The Dancer of Shamahka*, S.110

55 Titus Burckhardt, *Moorish Culture in Spain*, George Allen & Unwin, London, 1972, S.65

56 Lane, *The Modern Egyptians*, Bd.2, S.101

57 Leland, *The Egyptian Sketchbook*, S.136

58 Gobineau, *Asiatische Novellen*, S.64f.

59 Leland, *The Egyptian Sketchbook*, S.135

60 Agnes de Mille, *The Book of the Dance*, Golden Press, New York, 1963

61 Ohanian, *The Dancer of Shamahka*, S.240

62 Carolina Varga-Dinicu, »A Criticism of Nadia Gamal«, *Arabesque*, März/April 1977, New York, S.22

63 Ohanian, *The Dancer of Shamahka*, S.240